작은 탐사, 큰 결실

소탐대실

작은 탐사, 큰 결실

소탐대실

JTBC **소탐대실** 제작팀 지음

포르체

Contents

PART 2

쓰다가 생각난 질문

PART 4

불편해서 떠오른 의문

➕

참고 문헌

PART 1

먹다가 생긴 호기심

귤을 주무르면
정말로 더 달아질까?

1

겨울철 대표 과일 귤. 껍질을 까서 먹으려는 순간, 귤을 까기 전에 주물러야 더 맛있다는 말이 떠오릅니다. 반신반의하며 주물렀다가 먹으니 달고 맛있는 것 같습니다. 정말 손으로 주물러서 귤이 달아진 걸까요? 아니면 그저 기분 탓일까요?

먼저 인터넷에 검색을 해 봤습니다. 이미 많은 사람들이 궁금해했는지 인터넷에도 관련된 정보가 많았습니다. 이 내용을 다룬 기사도 있었는데요. 기사에서는 귤을 주무르면 과일의 숙성을 유도하는 에틸렌 성분이 나오고, 이 에틸렌이 귤의 당도를 20%까지 높인다고 합니다.

귤을 주물렀다고 정말 에틸렌이 나오긴 할까요? 과일에서 나오는

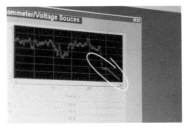

귤을 주무르기 전과 후의 에틸렌 그래프

에틸렌 기체에 민감하게 반응하는 센서를 통해 확인해 보았습니다. 이 센서는 저항값 그래프로 결과를 표시하는데, 그래프가 떨어지면 센서가 검출한 에틸렌이 많다는 뜻입니다. 귤을 주무르기 전과 후의 그래프를 보면, 귤을 주무른 후의 그래프가 더 떨어진 것을 확인할 수 있습니다. 즉, 귤을 주무르자 에틸렌이 더 많이 나온 것입니다.

귤을 주물렀을 때 나온 에틸렌이 귤의 당도를 높이는 데 영향을 미칠까요? 20년 동안 제주도에서 감귤을 연구한 감귤연구소 연구사와 함께 직접 귤을 주무른 다음 당도를 측정해 봤습니다.

당도 측정은 '비파괴당도측정기'를 사용하여 진행했습니다. 이 기계는 당이 근적외선을 흡수한다는 점을 이용해 당도를 측정합니다. 만약 당도가 높은 귤이라면 근적외선을 쏘았을 때 귤 안에 있던 당이 근적외선을 흡수하여 기계로 되돌아오는 근적외선이 약할 것입니다. 기계는 이 값을 당도로 계산해 줍니다.

비파괴당도측정기를 이용하여 측정한 결과, 주무르지 않은 귤 5개의 평균 당도는 11.94브릭스, 주무른 귤의 평균 당도는 11.82브릭스

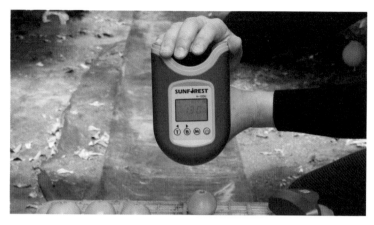

였습니다. 귤마다 조금씩 당도가 올라가기도 하고 떨어지기도 했지
만 모두 기기의 오차 범위인 1브릭스보다 변동폭이 작았습니다. 비
파괴당도측정기보다 더 정확하다는 착즙당도측정기로도 귤의 당도
를 재 보았습니다. 주무르기 전의 평균 당도는 10.96브릭스, 주무른
뒤의 평균 당도는 10.5브릭스였습니다. 마찬가지로 주무르기 전후의
당도 변화가 거의 없었습니다.

구분	귤1	귤2	귤3	귤4	귤5
주무르기 전	11.3	12.7	13.1	12.1	10.5

▼

구분	귤1	귤2	귤3	귤4	귤5
주무른 후	12.1	12.1	12.4	11.6	10.9

비파괴당도측정 결과 (단위: Brix)

귤을 주무르면 당도가 높아진다던 기사 내용과 실제 실험 결과가 달랐습니다. 이게 어떻게 된 일일까요? 귤을 주물러도 당도가 높아지지 않는 걸까요?

🎙 **감귤연구소 연구사 좌재호:** 실제로 귤의 당도가 높아지진 않고, 그런 느낌만 든다고 보시면 될 것 같습니다. 우리가 귤을 손으로 만지면 과실 껍질에 있는 '유포'라는 아주 미세한 조직이 손상되며 에틸렌 가스가 나옵니다. 하지만 단기간 손으로 문질러서 나온 에틸렌 가스로 인해 당도가 올라가지는 않습니다. 감귤의 당도는 대부분 수확할 시기에 결정됩니다.

　과일은 크게 후숙 과일climacteric fruit과 비후숙 과일non-climacteric fruit로 나뉩니다. 후숙 과일과 비후숙 과일은 과일이 익어갈 때 과일의 호흡량이 급격하게 늘어나는지 아닌지에 따라 분류됩니다. 바나나, 키위, 아보카도 같은 후숙 과일은 과일이 익어갈 때 호흡량이 급격하게 늘어나며 식물 호르몬인 에틸렌이 많이 분비됩니다. 에틸렌은 과일을 물렁하게 만들고 당도를 높이는데, 이 과정은 수확한 뒤에도 일어납니다.

　하지만 귤은 후숙 과일이 아닙니다. 이미 90% 이상 익은 상태에서 수확되며 후숙 과일처럼 급격하게 호흡이 늘어나거나 에틸렌이 분비되지 않습니다. 에틸렌이 나오더라도 매우 조금 나올 뿐입니다.

후숙 과일과 비후숙 과일

앞서 말했듯이 우리가 손으로 주무르면 귤 껍질에 있는 유포가 손
상되면서 에틸렌 기체가 조금은 나올 수 있지만 바나나나 키위, 아보
카도 같은 후숙 과일이 에틸렌 때문에 익는 것과는 다릅니다. 귤을
주물러서 나온 에틸렌 때문에 귤의 당도가 바뀌진 않습니다. 주무른

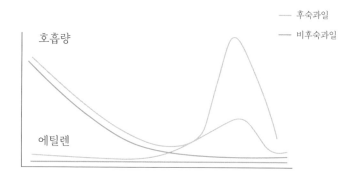

후숙 과일과 비후숙 과일의 에틸렌 분비 비교

귤이 맛있는 건 결국 우리 기분 탓이었던 걸까요?

🎤 (주)편한식품정보 대표 최낙언: 기분 탓이라고 할 수 있죠. 식품이 갖고 있는 당도는 똑같더라도 우리가 느끼는 단맛은 몇 가지 요인에 의해 달라집니다. 대표적인 게 온도입니다. 우리 혀에 있는 미각 세포는 온도에 따라 자극을 다르게 느낍니다. 단맛은 보통 우리 체온 정도에서 가장 강하게 느껴집니다. 그러니까 차가운 귤을 주물러서 온도를 좀 높였다면, 조금 더 달게 느껴질 수도 있습니다. 하지만 잠깐 주무른 것으로 온도가 유의미하게 변했을지는 확신하기 어렵습니다.

주무른 귤이 달게 느껴졌던 건 귤이 실제로 달아진 게 아니라 우리의 느낌 탓이 맞았습니다. 그러니 더 달게 먹고 싶다고 귤을 주물러도 크게 효과를 보기는 어려울 것입니다.

영상으로 알아보기 ▶

냉장고에서 색이 변한 바나나, 먹어도 될까?

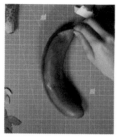

냉장고에 둔 바나나가 새까맣게 변했어도 상한 건 아닙니다. 껍질을 벗겨 보면 과육은 멀쩡합니다. 오히려 상온에 둘 때보다 더 오래 두고 먹을 수 있습니다. 바나

냉장고에 둔 바나나는 까맣게 변한다. 하지만 껍질을 까보면 여전히 하얗다.

나 판매 회사들도 바나나를 어느 정도 후숙한 뒤 냉장고에 넣어서 보관하라고 말합니다.

상하지도 않은 바나나가 왜 색이 변한 걸까요? 그 이유는 바나나가 스트레스를 받았기 때문입니다. 열대과일인 바나나는 추위에 약합니다. 그런 바나나에게 냉장고 안의 낮은 온도는 비상사태라고 할 수 있습니다. 냉장고의 추위로 인해 생긴 저온 장해chilling injury의 대표적인 현상이 껍질이 검게 변하는 것입니다.

바나나에는 폴리페놀이라는 성분이 있고 폴리페놀을 산화시키는 효소도 있습니다. 폴리페놀을 산화시키는 효소를 '폴리페놀 산화 효소'라고 부릅니다. 바나나에 외부 자극이 가해지면 폴리페놀 산화 효소가 폴리페놀과 산소의 반응을 촉진합니다. 폴리페놀이 산화되면 퀴논이라는 물질이 되고 퀴논이 계속 산화되면서 갈색 색소가 만들어집니다. 사과나 배를 칼로 잘랐을 때 단면이 갈변하는 것도 같은 원리입니다. 외부 충격 때문에 효소 반응이 일어나며 색이 변한 것입니다.

녹은 아이스크림을 다시 얼리면 왜 맛이 없어질까?

2

아이스크림 전문점에서 아이스크림을 포장 주문해 본 적이 있을 것입니다. 드라이아이스까지 잘 채워서 포장해도, 집에 도착했을 때는 이미 반쯤 녹아 있기 십상입니다. 다행인 점이라면 아이스크림이 통에 들어 있어서 다시 얼리면 된다는 것입니다. 녹은 아이스크림을 하루 정도 냉동실에 놓고 얼리면 그럭저럭 매장에서 봤던 모양과 비슷해집니다. 하지만 묘하게 맛이 다르게 느껴지는 건 기분 탓일까요? 녹아서 다시 얼린 아이스크림은 진짜로 맛이 없는 걸까요?

맞습니다. 실제로 녹은 아이스크림을 다시 얼리면 맛이 없어집니다. 녹았다가 다시 어는 과정에서 아이스크림의 중요한 재료가 사라지기 때문입니다. 아이스크림 겉 포장을 보면 원재료를 확인할 수 있는데, 여기에 표시가 안 된 또 다른 재료가 있습니다. 바로 공기입니다.

🎙 **롯데푸드 빙과CM팀 김찬비:** 아이스크림을 만드는 과정 중에 '프리징'이라는 과정이 있습니다. 프리징은 아이스크림을 얼리면서 공기, 수분, 유지방 등을 고르게 배치해 조직감을 형성하는 과정입니다.

공기가 얼마나 들어가는지에 따라 아이스크림의 식감이 달라집니다. 예를 들어 가래떡 같은 경우 공기 없이 밀도가 높고 쫀득쫀득한 식감인 반면, 식빵은 중간중간 공기가 들어 있어서 부드러운 식감을 느낄 수 있습니다. 이처럼 아이스크림도 공기가 없으면 쫀득하고 딱딱한 식감이 되고, 공기가 많이 들어가면 부드러운 식감이 됩니다.

아이스크림이 녹으면 프리징 과정을 통해 형성된 조직이 무너집니다. 고르게 배합되어 있던 수분, 유지방이 분리되면서 안에 있던 공기가 빠져나옵니다. 이 상태에서 다시 얼려도 파괴된 조직은 돌아오지 않습니다. 공기가 이미 다 빠져나간 아이스크림은 식감이 처음과 달라질 수밖에 없습니다. 식감이 달라졌기 때문에 맛이 변했다고 느껴지는 것입니다.

아이스크림에 공기가 얼마나 들어갔길래 공기가 없어졌다고 맛이 변하는 걸까요? 이를 알기 위해서는 먼저 '오버런'이라는 개념을 짚고 넘어가야 합니다. 오버런은 아이스크림에 공기가 들어간 비율을 말합니다. 오버런이 100%인 아이스크림은 부피가 1인 원재료에 공

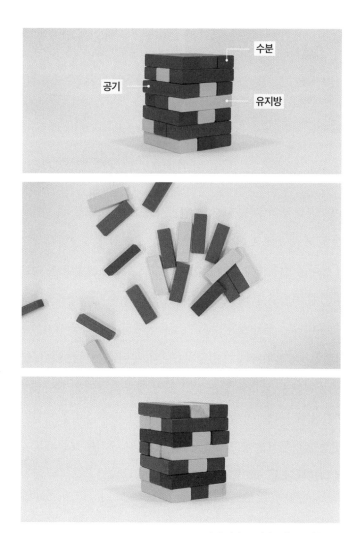

녹은 아이스크림의 조직 구조 변화

기를 1만큼 넣은 것입니다. 쉽게 말해 아이스크림 반, 공기 반이라고 할 수 있습니다.

아이스크림의 오버런은 제품별로 다르다.

🎙 **롯데푸드 빙과CM팀 김찬비:** 일반적으로 바 형태로 된 아이스크림 같은 경우, 소프트 아이스크림보다 공기를 적게 넣습니다. 공기가 많이 들어가면 온도에 쉽게 영향을 받아서 아이스크림이 잘 녹고 형태가 쉽게 변합니다. 바 아이스크림은 형태를 유지하기 위해 공기를 거의 넣지 않는 것이 보통입니다. 그렇기 때문에 공정상 생기는 자연 오버런인 5% 정도의 공기만 들어갑니다. 콘이나 떠먹는 아이스크림 같은 경우 제품 고유의 틀을 갖고 있기 때문에 공기를 많이 넣어도 형태가 쉽게 무너지지 않습니다. 그래서 부드러운 식감을 만들기 위해 일정량의 공기를 넣고 있습니다. 제품마다 공기를 넣는 정도가 조금씩 다른데 보통 30~100% 사이로 설정합니다.

오버런은 아이스크림에 따라 다릅니다. 그래서 녹은 다음 다시 얼렸을 때 맛이 변하는 정도에도 차이가 있습니다. 빙과류, 즉 유지방이 들어가지 않은 바 형태의 아이스크림은 오버런이 매우 낮아 녹은 다음 다시 얼려도 맛이 크게 변하지 않습니다. 하지만 소프트 아이스크림은 유지방이 들어가고 오버런도 높은 제품이 많기 때문에 녹은 것을 다시 얼리면 맛이 많이 달라집니다.

참고로 빙과류가 아닌데도 오버런이 낮은 제품들이 있습니다. 일부 프리미엄 아이스크림은 진하고 묵직한 맛을 구현하고자 원재료를 많이 넣고 공기를 일부러 적게 넣습니다.

오버런 수치가 아이스크림의 품질을 판단하는 절대적 기준은 아닙니다. 어떤 식감과 풍미를 추구하느냐에 따라 오버런이 달라지기 때문입니다. 이렇게 오버런이 맛에 큰 영향을 주는 만큼 제조사들도 오버런 규격을 대외비로 관리하고 있다고 합니다.

정리하자면, 녹은 아이스크림을 다시 얼렸을 때 맛이 처음과 달라졌던 것은 공장에서 만들 때 형성됐던 조직감이 파괴되고 공기가 날아갔기 때문입니다.

영상으로 알아보기 ▶

초코칩 쿠키의 초코칩은 왜 안 녹을까?

🎙 **서울현대직업전문학교 교수 이주영**: 머핀이나 초코칩 쿠키에 토핑으로 올라간 초콜릿은 초콜릿이 아니라 준초콜릿입니다. 준초콜릿에는 코코아버터 대신 경화유, 팜유 등 가공된 식물성 유지가 들어 있습니다. 가공된 식물성 유지에는 굉장히 안정적이고 열에 강합니다.

초콜릿을 판단하는 기준은 나라마다 조금씩 다릅니다. 하지만 대부분의 나라에서 코코아버터가 안 들어갔거나 조금 들어간 것은 초콜릿으로

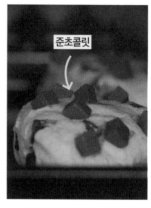

토핑용 초코칩은 사실 준초콜릿이다.

인정하지 않습니다. 우리나라도 마찬가지입니다. 식약처 기준을 보면 코코아 원료가 30% 이상, 그중에서도 코코아버터가 18% 이상이어야 식품유형이 '초콜릿'으로 분류됩니다. 준초콜릿은 코코아버터 함유량과 상관없이, 코코아 원료가 7% 이상만 들어가면 됩니다.

뿐만 아니라, 진짜 초콜릿으로 만들든 준초콜릿으로 만들든 초코칩은 만든 후 숙성 과정을 거칩니다. 제품에 따라 2개월에서 6개월까지 숙성을 시키는 과정에서 초코칩 내부 조직감이 더 치밀해집니다. 그래서 뜨거운 열에도 형태가 쉽게 무너지지 않을 수 있습니다.

오븐 속에서 초코칩이 구워질 때, 쿠키 반죽이 초코칩이 흘러내리는 것을 막아 주기도 합니다. 반죽 속에 박힌 초코칩은 주변 반죽이 틀 역할을 하기 때문에 모양이 거의 바뀌지 않을 수 있습니다.

맥주병의 뚜껑은 왜 이렇게 따기 불편하게 생겼을까?

3

소주병의 뚜껑은 쉽게 돌려서 딸 수 있는 반면에 맥주병은 병따개가 없으면 따기 어렵습니다. 유리병으로 된 콜라도 이런 뚜껑을 사용하는 것을 종종 볼 수 있습니다. 왜 이렇게 불편한 뚜껑을 사용하는 걸까요?

돌려 따는 뚜껑은 '트위스트 캡'이나 '스크류 캡'이라고 부르고 병따개로 따는 뚜껑은 '크라운 캡'이라고 합니다. 뚜껑을 뒤집어 놓은 모양이 왕관처럼 생겼기 때문에 이런 이름이 붙었다고 합니다. 사실 열기 쉬운 것은 트위스트 캡입니다. 도구가 따로 필요하지도 않고 그냥 돌려서 열면 되니까요. 그런데 맥주병은 왜 굳이 크라운 캡을 쓰는 걸까요?

🎙️ 하이트진로 주류개발팀 선임연구원 함태환: 맥주병에 크라운 캡을 적용한 가장 큰 이유는 우수한 밀봉력 때문입니다. 크라운 캡 내부에는 라이너라는 것이 있습니다. 라이너는 유리병 병구와 밀착해서 내부 탄산압을 견딜 수 있도록 설계되어 있습니다.

크라운 캡을 살펴보면 병뚜껑 안쪽에 둥근 띠처럼 생긴 라이너가 있는 것을 확인할 수 있습니다. 라이너가 병을 밀봉해 주고 크라운 캡의 뾰족뾰족 나온 스커트가 겉에서 강하게 잡아 주면서 맥주의 탄산압을 견딥니다. 물론 트위스트 캡에도 라이너가 있습니다. 하지만 소주는 탄산압을 견딜 필요가 없기 때문에 크라운 캡처럼 신축성이 좋은 라이너가 들어가지 않습니다.

트위스트 캡이 탄산압을 아예 못 견디는 건 아닙니다. 트위스트 캡을 사용하는 탄산수도 종종 볼 수 있습니다. 그래도 탄산량이 많다면 밀봉력이 뛰어난 크라운 캡을 사용하는 것이 탄산을 유지하는 데 유리합니다.

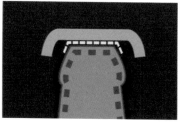

크라운 캡의 라이너

맥주 중에서는 페트병에 들어있는 맥주도 있습니다. 당연히 뚜껑은 트위스트 캡입니다. 밀봉력을 높이려면 크라운 캡이 더 좋다고 했는데, 어떻게 된 일일까요? 플라스틱으로 만든 트위스트 캡은 알루미늄으로 만든 트위스트 캡보다 밀봉력이 좋습니다. 탄산이 새어 나가는 것을 막기 위해 만들어진 것이라 소주병의 알루미늄 뚜껑과 만들어진 목적 자체가 다릅니다.

🎙 하이트진로 주류개발팀 선임연구원 함태환: 페트병 맥주의 경우 보통 1리터 이상의 대용량이기 때문에 소비자 편의성을 고려해서 열고 닫을 수 있는 트위스트 캡으로 설계했습니다. 플라스틱 트위스트 캡도 크라운 캡과 마찬가지로 내부에 라이너가 들어있습니다.

똑같은 트위스트 캡이라도 소주병의 뚜껑과, 페트병에 든 맥주의 뚜껑을 비교해 보면 라이너의 재질도 다르고, 신축성도 다르다는 것을 알 수 있습니다.

맥주를 유리병에 담느냐, 페트병에 담느냐에 따라 뚜껑의 형태도 같이 달라집니다. 콜라처럼 탄산이 든 다른 음료도 마찬가지입니다. 맥주처럼 페트병 제품은 트위스트 캡을 사용하고 유리병 제품은 크라운 캡을 사용합니다.

여기서 한 가지 사소한 궁금증이 생깁니다. 크라운 캡은 모두 똑같이 생겼을까요? 그렇습니다. 얼핏 봐도 비슷하게 생긴 크라운 캡들

모든 크라운 캡의 스커트는 21개다.

은 사실 모두 똑같이 생겼습니다. 심지어 뾰족하게 튀어나온 부분의 수도 21개로 일정합니다. 병뚜껑의 뾰족한 부분을 '스커트'라고 하는데, 이 스커트의 규격은 국제 규격으로 정해져 있습니다.

처음엔 스커트 수가 21개가 아니었습니다. 크라운 캡은 1892년, 영국의 윌리엄 페인터라는 사람이 발명했습니다. 당시 특허 자료에는 병뚜껑의 스커트 개수가 24개였습니다. 그런데 24개의 스커트를 가진 병뚜껑은 밀봉력이 높았지만 그만큼 뚜껑을 열기도 어려웠습니다. 힘을 줘서 뚜껑을 열다가 병이 깨지는 일이 일어나기도 했습니다. 그렇다고 무작정 스커트 수를 줄이면 열기는 쉬워지지만 밀봉력이 너무 떨어지는 문제가 발생했습니다. 그래서 여러 실험 끝에 안정적인 밀봉력을 가지면서도 따기에 어렵지 않은 스커트 수가 21개라고 결론지었고, 이를 국제 규격으로 정하게 되었습니다.

TOC(twist off cap)

　가끔 크라운 캡을 사용했는데도 손으로 돌려서 딸 수 있는 병맥주를 볼 수 있습니다. 이러한 뚜껑을 TOC Twist Off Cap 라고 부릅니다. TOC는 크라운 캡의 밀봉력과 트위스트 캡의 편의성을 합쳤지만 그만큼 단가가 비싸서 모든 맥주에 적용하진 않습니다. 주로 용량이 작은 병맥주들이 이 뚜껑을 씁니다. 용량이 작은 맥주는 휴대하기 좋은 것이 장점인데 병따개를 들고 다니면 그 장점이 사라지기 때문입니다.

　병뚜껑에 대해 알아보다가 한 가지 사실을 더 알게 되었습니다. 80년대까지는 소주도 크라운 캡을 썼다는 것입니다.

🎙 하이트진로 주류개발팀 선임연구원 함태환: 소주병에 스크류 캡이 보편화되기 시작한 건 92년 이후부터입니다. 당사는 1982년에 소주에 트위스트 캡을 적용했습니다. 소주 특성상 탄산압을 견딜 필요가

없고, 소비자 편의성을 고려했을 때 음용 후 보관할 수 있는 트위스트 캡이 더 적합했기 때문입니다.

 ◀ 영상으로 알아보기

식당에는 왜 캔맥주가 없을까?

캔맥주는 병맥주보다 비싸다.

캔맥주는 병맥주보다 비쌉니다. 구체적인 출고가는 맥주마다 다르지만 주류 제조 회사에 물어보니 같은 500밀리리터 기준으로 캔맥주 출고가가 병맥주 출고가보다 30% 정도 비싸다고 합니다.

캔맥주와 병맥주의 가격 차이가 나는 이유는 재활용 때문입니다. 손님들이 마시고 남긴 병맥주 공병은 주류 제조 회사로 다시 회수되어 최대 10번까지 재사용됩니다. 이를 반영하다 보니 병맥주의 가격이 더 저렴한 것입니다. 거기다가 캔맥주는 뒤처리도 어렵습니다. 밖에 내놓기만 하면 되는 병과 달리 빈 캔은 식당에서 따로 분리배출해야 합니다. 그러니 식당 입장에서는 비싸고 처리도 불편한 캔맥주를 굳이 팔 이유가 없습니다.

물론 캔으로 된 맥주를 아예 팔지 않는 것은 아닙니다. 캔으로 출시되는 수제 맥주를 파는 가게도 있습니다. 하지만 보통 식당이나 술집에는 여러 사람이 함께 모이다 보니 굳이 캔맥주를 찾지 않습니다. 그래서 보통은 캔맥주를 들여놓지 않게 되고 주류 제조 회사도 업소에서 파는 용도의 캔맥주를 잘 만들지 않게 된 것입니다.

수제 버거는 왜 이렇게 클까?

4

버거 번 위에 로메인, 토마토, 쇠고기 패티, 치즈, 베이컨을 올리고 다시 번을 덮습니다. 이렇게 하면 먹음직스러운 수제 버거가 완성됩니다. 정말 먹음직스러워 보이는 수제 버거의 문제는 한입에 베어먹

수제 버거는 왜 이렇게 클까?

입이 벌어질 수 있는 최대 크기는 보통 7cm 정도다.

기에는 너무 크다는 것입니다. 보통 햄버거는 손으로 들고 한입씩 베어먹는데, 수제 버거는 조금 다릅니다. 어떤 수제 버거의 경우는 너무 높은 나머지 버거를 분해해서 따로따로 썰어 먹어야 할 정도입니다. 수제 버거는 왜 이렇게 크게 만드는 걸까요?

먼저, 수제 버거가 대체 무엇일까요? 수제 버거의 개념이 따로 규정되어 있는 것은 아닙니다. 보통은 냉장 패티를 쓰거나 식당에서 직접 패티를 만든 경우를 수제 버거로 지칭합니다. 그런데 이런 수제 버거는 한입에 넣기도 어려운데다 꾸역꾸역 먹더라도 패티와 야채들을 흘리기 십상입니다. 우리의 입이 작아서 생기는 문제일까요?

🎙 강동경희대병원 구강내과 교수 박혜지: 여성은 40~50밀리미터 정도, 그리고 남성은 50~55밀리미터 정도가 평균 최대 개구량입니다.

같은 연령이나 성별이어도 개구량이 20밀리미터 정도까지 차이가 날 수 있기 때문에 개인에 따라서 6~7센티미터까지도 입이 벌어진다고 볼 수 있습니다.

수제 버거를 보면 7센티미터를 거뜬히 넘기는 경우가 많습니다. 객관적으로도 한입에 들어가기 어려운 크기입니다. 왜 햄버거를 이 렇게 크게 만들었을까요?

🎤 일○○버거 셰프 최현석: 버거에서 맛을 좌우하는 부분은 번과 패 티입니다. 이 부분에 집중하고자 패티를 두껍게 만들고 볼륨감이 있 는 번을 사용합니다.

🎤 길○○버거 대표 김정길: 패티를 좀 크게 한다거나 내용물을 다양 하게 넣어서 저희만의 개성을 살리려고 했습니다. 그러다 보니 버거 가 커진 것 같습니다.

제품의 맛과 개성을 살리려다 보니 버거의 크기가 자연스럽게 커 졌다고 합니다. 그렇다면 반대로 패스트푸드 햄버거가 얇은 이유는 뭘까요?

햄버거가 인기 식품으로 떠오른 것은 80년대 이후입니다. 1979년 롯데리아를 시작으로 1984년 버거킹, 1988년 맥도날드 등 패스트푸

드 체인이 한국에 정착하면서 햄버거도 함께 전성기를 맞았습니다. 그런데 패스트푸드 햄버거에 들어가는 패티는 수제 버거 패티에 비해 훨씬 얇습니다.

🎙 서울대 농경제사회학부 교수 문정훈: 햄버거 패티는 조리된 상태에서 냉동하여 매장으로 배송됩니다. 냉동된 패티를 사용하려면 다시 해동해야 합니다. 두꺼운 고기를 상온에서 해동하려면 굉장히 오랜 시간이 걸립니다. 햄버거 패티가 너무 두꺼우면 해동이 제대로 되지 않아서 겉은 타고 속은 꽝꽝 얼어 있을 수 있습니다. 그에 비해 수제 버거는 냉동 패티가 아니기 때문에 패티를 두껍게 만들 수 있습니다.

수제 버거 가게가 많이 늘어난 지금도 우리는 햄버거하면 패스트

햄버거 패티

수제 버거 패티

패스트푸드 햄버거와 수제 버거의 패티 두께 비교

푸드를 먼저 떠올립니다.

🎙 맛 칼럼니스트 박상현: 햄버거라는 음식 자체는 사실 패스트푸드가 들어오기 전에도 존재했습니다. 하지만 86년 아시안게임, 88년 올림픽을 거치면서 해외 음식 브랜드들이 들어오고 우리 머릿속에 미국 음식에 대한 그림이 그려지기 시작했습니다.

우리는 80년대에 미국 음식을 받아들이며 패스트푸드 햄버거의 이미지를 '햄버거'로 인식하게 되었습니다. 그렇게 얇은 버거에 익숙해지니 수제 버거가 훨씬 크게 느껴진 것입니다.

그렇다면 이렇게 큰 수제 버거는 어떻게 먹는 것이 좋을까요? 정답은 '그냥 맛있게 먹으면 된다!'입니다. 손에 다 묻히고 흘리면 어떻

습니까. 꾹꾹 눌러서 한입에 들어오는 감칠맛이 우리가 수제 버거를
찾는 이유인 걸요.

영상으로 알아보기 ▶

요리사의 모자는 왜 길까?

주방에서 요리를 하면 불 때문에 굉장히 덥습니다. 모자까지 쓴다면 더욱 더울 것입니다. 하지만 긴 모자를 쓰면 상대적으로 시원하다고 합니다. 위로 올라가려는 열의 성질 때문에 모자가 길어지는 만큼 머리에서 나온 열이 더 위로 발산되어 시원함을 느낀다고 합니다.

윗부분에 구멍을 뚫은 모자도 있습니다. 구멍 뚫린 모자를 쓰면 위로 올라간 열이 모자 밖으로 빠져나가서 더 시원합니다.

요리사의 긴 모자

구멍이 뚫린 모자

요리사의 모자가 긴 데에는 실용적인 이유만 있는 것은 아닙니다. 모자의 길이는 요리사의 지위를 상징하는 것이었습니다. 과거에는 높은 계급의 요리사일수록 긴 모자를 썼습니다. 18세기 프랑스의 스타 요리사, 앙투안 카렘은 약 45센티미터 높이의 모자를 썼다고 합니다.

그리고 옛날에는 모자에 있는 주름이 요리사가 할 수 있는 계란 요리의 개수를 나타냈다고 합니다. 앙투안 카렘은 모자의 주름이 무려 100개였다고 합니다.

즉석 밥 용기는 왜 바닥이 올라와 있을까?

5

밥을 하기 번거로울 때면 전자레인지에 돌려서 간편하게 먹을 수 있는 즉석 밥을 찾게 됩니다. 그런데 즉석 밥은 바닥 중간이 볼록 올라와 있어서 양이 적게 느껴집니다. 양이 많아 보이게 하려고 이렇게 바닥을 움푹 들어가게 한 걸까요?

🎙️ CJ제일제당 연구원: 전혀 그렇지 않습니다. 집밥과 동일한 맛을 낼 수 있도록 설계된 용기 구조입니다.

즉석 밥은 보통 집에서 밥을 하는 방식과는 다르게 만들어집니다. 집밥은 밥솥에 먼저 밥을 짓고 그릇에 나눠 담는데, 즉석 밥은 용기가 밥솥이자 밥그릇 역할을 합니다. 밥이 지어지는 것과 용기 모양이 무슨 관계가 있는지 알아보기 위해 일단 즉석 밥을 만드는 순서부터 살펴보겠습니다.

먼저, 용기들을 세척하고, 각각의 용기에 씻은 쌀을 넣습니다. 그다음 살균을 하고 물을 담아서 밥을 짓고 뜸을 들입니다. 그리고 식히는 과정을 거치면 우리가 알고 있는 즉석 밥이 완성됩니다. 바로 여기에 밑바닥이 들어간 이유가 숨겨져 있습니다.

🎙 CJ제일제당 연구원: 뜨거운 것이 차갑게 변하면 부피가 작아집니다. 이때 음압 현상이 발생합니다. 음압 현상은 용기 모든 곳에서 발생합니다. 바닥도 음압 현상이 발생하는데, 바닥은 음압 순응 구조라는 오목 구조를 적용해서 자연스럽게 안으로 들어가게 만들었습니다.

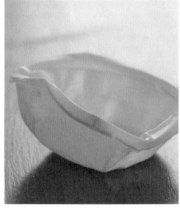

가열 시 찌그러지지 않게 하기 위해서 바닥을 움푹하게 만들었다.

음압 현상을 견디기 위해 초기 즉석 밥은 용기를 두껍게 만들었다고 합니다. 그런데 플라스틱 사용량이 너무 많아진다는 문제가 생겼습니다. 그래서 용기를 가볍게 만들 방법이 없을까 고민하다가 아예 밑바닥 가운데에 찌그러질 곳을 정해주기로 한 것입니다. 그리고 용기의 측면은 각을 넣어서 음압을 견디도록 했습니다. 이렇게 하면 즉석 밥을 식힐 때, 음압 현상이 일어나도 용기 밑바닥만 수축하여 전체 형태가 찌그러지지 않을 수 있습니다.

용기의 형태 문제는 이해가 되었는데, 집밥과 동일한 맛을 내기 위해서 이런 구조가 되었다고 했던 것은 어떻게 된 것일까요? 우리는 보통 전자레인지에 즉석 밥을 돌려서 먹습니다. 전자레인지에 밥을 돌릴 때 더 맛있으려면 밑바닥이 움푹 들어가 있어야 한다고 합니다.

🎤 CJ제일제당 연구원: 전자레인지의 마이크로파가 열을 가장 쉽게 전달할 수 있는 깊이는 3센티미터 정도입니다. 그래서 바닥을 오목하게 만들어 마이크로파가 고르게 안쪽까지 침투할 수 있도록 했습니다. 만약 즉석 밥 용기가 평평하다면 상단에서 마이크로파가 도달했을 때 바닥까지 도달하기 어렵습니다. 측면에서도 마찬가지로 가운데까지는 마이크로파가 도달하기 어렵습니다. 이렇게 되면 바닥 부분만 차가운 밥이 될 수 있고, 바닥까지 따뜻하게 하기 위해 오래 조리하면 수분이 증발해 마른 밥이 될 수도 있습니다.

요약하자면, 즉석 밥 용기의 밑바닥을 오목하게 넣은 이유는 공장에서 생산할 때 용기가 찌그러지는 것을 방지하고 전자레인지에 돌릴 때 밥을 맛있게 하기 위해서였습니다.

 ◀ 영상으로 알아보기

떡볶이 용기는 왜 울퉁불퉁할까?

떡볶이를 배달시키면 울퉁불퉁하게 생긴 플라스틱 용기에 떡볶이가 담겨서 옵니다. 분리수거하기 위해 설거지할 때면 왜 이런 모양의 용기를 사용하는지 원망스러워집니다.

각이 있는 종이 기둥이 더 많은 무게를 견딜 수 있다.

일회용기가 울퉁불퉁한 이유는 내구성을 높이기 위해서입니다. 종이로 원통을 만들어 보면 쉽게 이해할 수 있습니다. 하나는 매끈한 모양의 원기둥으로 만들고 다른 하나는 여러 번 접어서 각을 만든 다음 똑같은 무게의 물건을 올려 비교해 보면 각이 있는 쪽이 더 많은 무게를 견디는 것을 볼 수 있습니다. 표면적이 늘어나서 무게를 잘 견디는 것을 볼 수 있습니다. 컨테이너 옆면이 울퉁불퉁한 것도 이와 같은 이유입니다.

음식을 많이 담아야 하는 대용량 용기일수록 내구성을 위해서 옆면이 울퉁불퉁한 경우가 많습니다. 그런데 대용량 일회용기 중에서도 매끈한 용기를 종종 볼 수 있습니다. 이런 제품들은 내구성이 약한 것일까요? 아닙니다. 용기의 두께를 두껍게 만들어 내구성을 올린 것입니다. 그래서 같은 크기의 용기일 때 매끈한 용기가 더 무겁습니다. 물론 원재료가 더 들어가고 제조 과정도 달라지기 때문에 단가는 더 올라가게 됩니다.

통조림 햄은 왜 꺼내기 어렵게 꽉 차 있을까?

6

통조림 햄을 구우려고 캔을 열었는데, 아무리 도마에 내리쳐도 햄이 나오지 않는 상황을 다들 겪어 보셨을 겁니다. 반들거리는 예쁜 형태로 꺼내고 싶어도 결국 칼이나 숟가락으로 홈집을 내야 햄을 꺼낼 수 있습니다. 양이 많은 건 물론 좋지만, 약간만 덜 채워서 만들면 꺼내기 훨씬 쉬울 것 같습니다. 왜 굳이 꽉 채워서 만드는 걸까요? 결론부터 말하자면, 방부제 없이 유통기한을 길게 하기 위해서입니다.

🎙 식품업계 관계자: 일반적으로 통조림 햄은 방부제가 들어가지 않습니다. 대신 진공 상태로 밀봉하고 고온·고압 멸균 공정을 거칩니다. 이렇게 하면 방부제를 쓰지 않고 상온에서 오랫동안 보관할 수

있습니다. 그런데 이때 캔과 내용물 사이에 공간이 있으면 고온·고압 공정의 효율이 떨어집니다.

통조림 햄은 다진 고기를 캔 안에 가득 채우고 멸균 공정을 진행해 만듭니다. 이 과정에서 고기가 익고 우리가 아는 통조림 햄의 모습이 됩니다. 멸균 공정에서 균을 모두 제거하기 때문에 통조림 햄은 방부제를 쓰지 않아도 유통기한이 길어집니다.

하지만 캔 안에 햄을 가득 채우지 않으면 빈 공간에 있는 공기 때문에 열전도 효율이 떨어져서 멸균이 제대로 되지 않을 수 있습니다. 또, 이 공기 때문에 색이 변질될 수도 있습니다.

통조림 햄과 달리 참치캔의 경우 캔에 담을 때 어쩔 수 없이 틈이 생길 수밖에 없습니다. 이런 제품들은 공기가 들어갈 틈을 메우기 위

캔 안에 빈 공간이 있으면 빈 공간에 있는 공기로 문제가 생길 수 있다.

겔

통조림 햄에 있는 **투명한 겔**

해 기름을 사용합니다.

다시 통조림 햄 얘기로 돌아와서, 캔 안에 햄을 가득 채워야 하는 이유는 이뿐만이 아닙니다. 통조림 햄의 뚜껑을 열어 보면 햄에 투명한 겔이 붙어 있는 것을 볼 수 있습니다. 이 겔은 멸균 과정을 거칠 때 고기 안에 있던 콜라겐과 물이 결합하면서 생깁니다. 캔 안에 빈 공간이 많으면 겔이 그 빈 공간을 채워 깔끔한 형태의 햄이 만들어지지 않습니다.

캔 안에 햄을 가득 채우는 이유는 유통기한, 색상, 모양 등을 모두 고려하여 품질을 유지하기 위한 것입니다. 캔 안에 빈 공간을 만들 수 없다면, 어떻게 해야 통조림 햄을 쉽게 꺼낼 수 있을까요?

고기의 콜라겐과 물이 결합하며 겔이 형성된다.

🎙 식품업계 관계자: 개봉 전에 따뜻한 물에 잠시 담가 놓으면 통조림 햄이 쉽게 빠집니다. 겔이 온도에 의해 액화되고 액화된 겔이 윤활제 역할을 해서 쉽게 빠지는 원리입니다.

영상으로 알아보기 ▶

라면 스프를 왜 따로 포장할까?

면과 스프를 함께 포장하면 제품이 변질될 수 있다.

라면의 포장을 뜯으면 면과 건더기 스프, 분말 스프가 모두 따로 들어 있는 것을 볼 수 있습니다. 라면을 끓이려면 어차피 모든 재료를 다 넣어야 하는데 왜 굳이 따로 포장하는 걸까요?

바로 제품이 변질될 우려가 있기 때문입니다. 염분이 많이 포함된 분말 스프가 오랜 시간 면과 붙어 있으면 변색을 일으키거나 맛에 영향을 줄 수 있습니다.

다른 이유로 포장지의 내구성 문제도 있습니다. 만약 라면 포장이 한 겹 밖에 없다면 외부 충격으로 포장이 찢어졌을 때, 안에 있던 스프가 새어 나올 수 있습니다.

그럼 분말 스프와 건더기 스프라도 한 봉지로 합칠 순 없을까요? 제조사에 물어보니 두 스프를 한 번에 담을 수 있는 크기의 봉지를 만드는 것이 현재 설비에서는 어렵다고 합니다.

그런데 가끔 분말 스프와 건더기 스프가 한 봉지에 들어간 라면도 있기는 합니다. 그런 경우 건더기가 대부분 해조류입니다. 해조류는 건조했을 때 부피가 획기적으로 줄어들고, 들어가는 양도 많지 않아서 한 봉지에 넣는 게 가능하다고 합니다.

커피는 왜 조심히 들고
걸어도 쉽게 넘칠까?

7

짧은 점심시간에, 집중해서 공부하기 전에, 친구랑 만나서 수다 떨 때, 우리는 커피를 마십니다. 카페에 가서 포장 주문을 하면 플라스틱이나 종이로 된 컵에 커피를 담아 줍니다. 어느 카페를 가든 비슷한 모양의 컵을 사용합니다. 그런데 지름 9센티미터 정도의 커피 컵은 뚜껑을 닫지 않으면 아무리 조심해서 걸어도 쉽게 커피가 넘칩니다. 대체 왜 그런 걸까요?

커피는 갑자기 출발할 때, 또는 갑자기 멈췄을 때, 무언가와 부딪혔을 때 쉽게 넘칩니다. 이런 경우는 과학 시간에 배우는 '관성의 법칙' 때문에 커피가 넘친 것입니다. 우리가 걸어가다 갑자기 멈추면 우리 몸은 바로 속도를 줄일 수 있지만, 컵에 담긴 액체는 관성에 따라 그대로 움직이려고 하기 때문에 앞으로 쏟아집니다.

하지만 조심해서 걸어도 커피를 쏟을 때가 많습니다. 커피가 컵에 가득 찼기 때문인 것만은 아닙니다. 물론 커피가 가득 차 있으면 더 쉽게 넘치겠지만 커피가 3분의 2만큼 차 있을 때나, 절반 차 있을 때도 마찬가지입니다. 그냥 걷기만 했는데 넘치기도 합니다.

혹시 급한 걸음걸이 때문은 아닐지 직접 실험해 보기로 했습니다. 진동수에 따라 액체가 어떻게 흔들리는지 관찰할 수 있는 대형 '슬로싱 실험동'을 찾았습니다. 슬로싱 실험동은 선박에 실리는 액체의 움직임을 실험하기 위한 장소입니다. 이곳에서 액체를 빠르게, 느리게 흔들어 가며 실험해 보았습니다.

먼저 액체를 진동수 1.1헤르츠Hz 정도로 빠르게 흔들어 보았습니다. 1헤르츠가 1초에 한 번씩 진동하는 것을 의미하니, 1.1헤르츠는 10초에 11번 진동한다고 할 수 있습니다. 실험 결과, 빨리 흔들면 더 쉽

1.1Hz로 흔든 액체

게 넘칠 것이라는 예상과 다르게 물결은 잔잔하게 일 뿐이었습니다.

그 다음에는 0.65헤르츠 정도로 액체를 천천히 흔들어 보았습니다. 이때도 잔물결이 일 뿐 액체가 크게 요동치지는 않았습니다. 하지만 두 실험의 중간 진동수인 0.85헤르츠에서는 진동이 시작된지 네 번만에 액체가 용기의 윗면을 때렸습니다. 커피 컵이었다면 이미 커피가 넘쳤을 상황입니다.

🎙️ 서울대 조선해양공학과 연구교수 안양준: 용기를 빠르게 흔든다고, 혹은 느리게 흔든다고 해서 유체가 더 격하게 움직이진 않습니다. 슬로싱, 유체 움직임이 격해지는 것은 공진 주기와 유사하게 움직일 때입니다.

문제는 '공진'이었습니다. 공진은 어떤 물체가 본래 갖고 있는 고유 진동수와 똑같은 진동수의 힘을 가할 때, 진동이 다른 때보다 크게 증폭되는 현상입니다. 우리가 매일 보는 테이블, 의자, 컵, 숟가락 같은 물체도 모두 모양이나 밀도에 따라 고유한 진동수를 갖습니다. 숟가락을 튕겨서 진동을 주면 진동을 줄 때마다 세기는 달라질지 몰라도 진동수, 즉 흔들리는 속도는 일정합니다. 그렇다면 모양이 정해져 있지 않은 액체의 진동수는 어떨까요?

🎙️ 서울대 조선해양공학과 교수 김용환: 커피 컵의 지름, 커피가 담겨 있는 깊이에 따라서 가지고 있는 고유한 진동수가 있습니다. 커피를 흔들면 흔드는 속도에 따라서 이 자유 표면*에 생기는 파형이 달라지고, 자유 표면이 가지고 있는 진동수와 흔들어 주는 주기가 동일해지면 공진이라는 현상이 발생합니다.

---

* 용기에 닿지 않은 액체의 표면.

결국 컵의 지름에 따라 커피의 고유 진동수가 정해진다고 볼 수 있습니다. 걸을 때 우리 손이 컵을 흔드는 진동수와 커피의 고유 진동수가 같으면 공진이 일어나 커피를 쏟기 쉬워질 것입니다. 그래서 걸을 때 이 두 값이 정말 같아지는지 알아보기 위해 먼저 커피 컵의 고유 진동수를 계산해 봤습니다. 《Fundamental of Fluid Dynamics》라는 책에 고유 진동수를 계산하는 식이 있어서 참고해 계산했습니다.

🎙 서울대 조선해양공학과 교수 김용환: 흔히 마시는 커피 컵의 지름을 재 보니 한 8.8센티미터 정도 되니까 간단히 계산하기 위해 9센티미터라고 하겠습니다. 전체 깊이는 14센티미터 정도가 되는데, 커피를 가득 담지는 않을 거니까 12센티미터라고 하겠습니다. 이렇게 반지름이 0.045미터, 깊이가 12센티미터라고 가정하면 4.6헤르츠의 고유 진동수를 구할 수 있습니다. 만약 보폭이 4.6헤르츠라면 공진이 정확하게 일어나고 4~5헤르츠로 걷는다고 하면 공진의 영역 안에 들어가 심한 슬로싱 현상을 일으킬 가능성이 높습니다.

우리는 3초 동안 평균적으로 여섯 걸음을 걷습니다. 1초 동안 두 걸음 걷는 셈이니 걸음걸이로만 따지면 진동수는 1~2헤르츠 정도입니다. 이 진동수는 저희가 계산한 커피의 고유 진동수 4~5헤르츠와 일치하지 않습니다. 이에 대해 〈A study on the coffee spilling phenomena in the low impulse regime〉라는 논문이 자세히 설명하고 있습니다.

걸을 때, 커피 컵이 위아래로 흔들리는 진동수는 2헤르츠로, 우리의 걸음걸이로 인해 생기는 진동수와 같습니다. 하지만 걸어가는 동안 손끝은 몸통과 다르게 움직입니다. 그래서 커피 컵은 위아래뿐만 아니라 앞뒤, 양옆으로도 조금씩 진동하게 됩니다. 커피를 쏟는 것은 컵의 이런 앞뒤 흔들림입니다. 논문에 따르면, 컵의 앞뒤 흔들림은 4 헤르츠로 강하게 일어났습니다. 즉, 우리가 걸을 때 커피의 고유 진동수와 비슷한 진동수의 앞뒤 흔들림이 생겨 공진이 발생하는 것입니다.

이렇게 이유를 안다고 해서 문제를 해결할 수 있는 건 아닙니다. 걸을 때마다 진동수를 계산하고 피할 수는 없으니까요. 커피를 쏟지 않을 다른 방법은 없을까요? 앞선 논문의 저자는 두 가지 방법을 제

컵의 앞뒤 흔들림은 4Hz로 강하게 일어난다.

커피를 쏟지 않으려면 커피컵 위쪽을 손가락으로 잡으면 된다.

안합니다. 한 가지 방법은 뒤로 걷는 것, 또 다른 방법은 컵 윗부분을 잡고 걷는 것입니다. 뒤로 걷거나 컵을 위로 잡으면, 커피의 고유 진동수인 4헤르츠에 꼭 맞는 흔들림이 줄어듭니다.

🎙 서울대학교 융합과학기술원 교수 박재흥: '자유도degree of freedom'라는 개념이 있습니다. 로봇 팔이나 로봇 손을 개발할 때 흔히 쓰는 개념인데, 쉽게 관절 개수라고 생각하시면 됩니다.

컵을 옆에서 잡을 때는 손목 움직임을 거의 안 쓰는데, 컵을 위에서 잡을 때는 손목 관절까지 사용해서 자유도가 늘어났다고 볼 수 있습니다. 관절이 하나 늘어날수록 물체의 회전축이 하나 더 늘어나는 셈이라 흔들림을 줄일 수 있습니다.

또, 옆에서 잡을 때는 마치 집게로 잡듯이 컵을 쥐게 되지만, 위에서 잡을 때는 다섯 손가락을 다 벌려 잡습니다. 두 손가락으로 잡을 걸 세 손가락으로 잡으면 훨씬 안정적이듯, 손가락 수가 늘어나면 가해지는 힘이 분산되면서 훨씬 안정적입니다.

그런데 이런 사소한 커피 문제라고 생각한 유체의 흔들림은 사실 로켓의 궤도까지 영향을 주는 커다란 과학적인 문제라고 합니다.

🎙 서울대 조선해양공학과 교수 김용환: 컵에 든 커피가 흔들릴 때 손에 느껴지는 감각은 유체가 용기에 힘이나 모멘트**를 주기 때문에 생깁니다. 로켓은 정해진 궤적을 따라가야 하는데 힘이나 모멘트를 받으면 올바르게 가지 않고 중간에 궤적이 바뀝니다. 그래서 1950년대에서 1970년대, 로켓 개발에 한창 열을 올릴 때 슬로싱 문제는 상당히 중요한 이슈였습니다.

이렇듯 주변의 사소해 보이는 문제도 사실 사소한 것이 아닐 수 있습니다. 커피의 흔들림이 로켓의 궤도와 관계가 있는 것처럼요.

 ◀ 영상으로 알아보기

** 물체를 회전시키는 힘의 작용.

우유팩은 왜 한쪽으로만 열어야 할까?

반대쪽으로 열면 우유팩이 찢어질 수 있다.

우유팩을 반대쪽으로 열면 왜 안 되는지 우유 회사 연구소에 이유를 물어봤습니다. 우유팩은 단면 종이를 접어서 만들다 보니 한쪽에 종이가 겹쳐서 이어지는 접합부가 생길 수밖에 없습니다. 이 접합부는 다른 곳에 비해 찢어지기 쉽다고 합니다. 그래서 약한 접합부가 있는 방향에 '반대편으로 여세요'를 써 놓아 튼튼한 쪽을 사용할 수 있도록 한 것입니다.

실리콘 수지로 처리한 부분은 잘 열린다.

또 한 가지 이유는 보풀입니다. 열지 말라는 쪽으로 우유를 열면 종이 보풀이 일어나기 쉽습니다. 우유 공장에서는 우유를 팩에 담은 뒤 윗부분에 열을 가해 밀봉하는데 이때 한쪽에만 실리콘 수지를 사용해 특수 처리를 합니다. 실리콘 수지로 처리한 부분은 깔끔하게 열리지만 반대편은 종이 보풀이 일어나기 쉽습니다.

생일에는 왜 케이크를 먹을까?

1세기 경에 그려진 것으로 추정되는 케이크 프레스코화

생일에 케이크를 먹는 풍습은 우리나라의 문화는 아닌 것 같습니다. 이 풍습은 어디에서 온 것일까요?

원래 케이크는 제사 음식이었습니다. 고대 그리스인들은 달 모양의 동그란 빵을 만들어 달의 여신 아르테미스에게 제물로 바쳤다고 합니다. 아르테미스는 어린이들의 수호신이기도 해서 아이가 태어나면 케이크를 바치고 건강을 빌었습니다. 이때부터 고대 로마에서 생일에 케이크를 만들어 먹기 시작했습니다. 로마의 극작가 '오비디우스'가 1세기에 쓴 《트리스티아 tristia》에는 '내 생일을 축하하기 위해 케이크를 만들었다'는 기록이 있습니다. 물론 일부 특권층에게만 해당하는 일이었습니다.

생일 케이크가 좀 더 보편화된 것은 중세 독일입니다. 아이들의 생일에 '킨더페스테 Kinderfeste'라고 하는 생일파티를 열고 케이크에 초를 꽂아 축하했습니다. 이때까지만 해도 케이크는 동글납작한 빵에 가까웠습니다. 지금처럼 여러 층의 빵을 겹친 부드럽고 달콤한 크림 케이크는 산업혁명 이후에나 등장합니다. 산업혁명을 거치며 만들기도 쉬워지고 재료비도 저렴해진 케이크는 대중에게도 친숙한 음식이 되었습니다. 생일에 케이크를 먹는 문화도 이때부터 널리 퍼졌습니다.

그럼 우리나라에서는 언제부터 생일에 케이크를 먹기 시작했을까요? 우리나라에서는 원래 아이의 생일에 액운을 막는 의미로 수수팥떡을 만들어 먹었습니다. 그러다가 1960~70년대에 정부가 '혼분식장려운동'을 하면서부터 빵을 먹는 게 보편화됐고 제과점들도 많이 생겼습니다. 이후 1980년대 후반에 생활 수준이 높아지면서 우리나라에도 생일 케이크 문화가 널리 자리 잡기 시작했습니다.

혼분식장려운동

만화에 등장하는 고기는 왜 실제와 다르게 생겼을까?

8

만화나 애니메이션에서 주인공이 맛있게 고기를 뜯는 장면을 본 적이 있을 겁니다. 그런데 곰곰이 생각해 보면 실제로는 만화에 나오는 것과 비슷한 형태의 고기조차 본 적이 없다는 걸 깨닫습니다. 덩어리가 큰 고기라고 해 봤자 스테이크가 대부분인데다가, 뼈가 붙어 있는 고기라고 해 봤자 갈비찜이나 갈비탕에 들어 있는 고기가 전부입니다.

만화를 그린 작가들은 만화 고기를 그릴 때 특정한 고기를 보고 그린 것일까요? 실제로 만화 고기처럼 생긴 고기가 있는지 알아보기 위해 정육 분야의 전문가들을 찾아가 보았습니다.

만화에 나오는 고기는 실제 고기와 많이 다르게 생겼다.

🎙️ 유튜버 '정육왕' 박준건: 만화 고기하고 가장 형태가 비슷한 부위는 돼지고기 뒷다리입니다. 뼈도 있고 두툼하게 살코기가 붙어 있습니다. 이 부위를 살짝 손질해서 만화 고기와 비슷하게 만들어 보겠습니다.

돼지고기 뒷다리를 조금 다듬었더니 만화 고기와 꽤 비슷한 모양이 되었습니다. 그런데 한 가지 의문이 더 생깁니다. 돼지고기든 소

만화 고기와 비슷하게 정형한 돼지고기 뒷다리살

고기든 다리는 우리가 평소에 자주 먹는 부위가 아닙니다. 다른 인기 많은 부위들이 아니라 왜 하필 다리를 만화에 그리게 된 걸까요?

🎙 독일 육가공 마이스터 유병관: 우리나라는 고기를 주로 프라이팬이나 그릴에 구워 먹습니다. 근육이 많은 부위는 그냥 구우면 고기가 쉽게 질겨집니다. 그래서 우리나라는 구웠을 때 부드러운, 지방이 많은 삼겹살 등을 선호하는 경향이 있습니다.

그에 비해 서구권에서는 오랜 기간 고기를 주식으로 먹으며 다양한 조리법을 발전시켰습니다. 따라서 근육이 많고 단단한 다리 부위도 장시간 열처리하여 부드럽게 만들어 먹을 수 있습니다. 우리가 실생활에서 볼 수 있는 요리 중에서는 슈바인스학세가 가장 만화 고기와 유사할 것 같습니다.

슈바인스학세

정강이뼈에 고기가 붙어 있고 겉에 바삭한 껍질이 있는 모습이 만화 고기와 비슷해 보입니다. 1900년대 초반 만화를 보면 다리 부위 고기를 묘사한 것을 쉽게 찾을 수 있습니다. 이러한 서구 문화권의 영향을 받아서 오늘날 만화 고기의 형태가 만들어진 것일까요?

만화 고기가 서양의 문화에서 온 것인지 알아보기 위해서는 만화, 애니메이션의 역사를 살펴봐야 합니다. 우리가 자주 접하는 일본 애니메이션은 미국의 하청으로 시작하여 기술을 습득했습니다. 이 기술을 더 효율적인 방향으로 이용하다 보니 최대한 그리기 쉬우면서 무엇인지 바로 알아볼 수 있는 단순한 형태가 나오게 된 것입니다.

🎤 세종대 만화애니메이션학과 교수 한창완: 애니메이션은 초당 24프레임이 지나갑니다. 쉽게 말해 1초에 24장의 그림이 필요한 것입니다. 세세하게 묘사된 그림을 똑같이 24장 그리는 것은 쉽지 않습니다. 따라서 사람들이 무엇인지 알아볼 수 있을 정도로만 묘사하고 최대한 단순하게 그려 효율성을 높입니다.

이렇게 단순한 형태의 만화 고기는 일본을 넘어 우리나라까지 전해지게 됩니다. 인건비가 상승한 일본이 하청 일부를 우리나라에 맡기게 되어 같은 노하우를 익히게 된 것이죠.

《아톰》,《밀림의 왕자 레오》등을 그린 데즈카 오사무 작가는 어린아이의 그림에서 만화의 특징을 찾아볼 수 있다고 했습니다. 아이들이 그림을 그릴 때 나타나는 생략과 변형, 과장이 만화의 요소라는 것입니다.

🎙 만화가 홍승우: 보통 만화 캐릭터의 눈은 얼굴이 단순한 것에 비해 굉장히 크고 수정처럼 반짝입니다. 이러한 형태는 일본의 데즈카 오사무가 완성했습니다. 현실에서는 볼 수 없는 모습이지만 우리가 만화 고기를 보고 고기라고 생각하듯이 이렇게 단순화된 얼굴도 사람의 얼굴로 인식합니다. 이처럼 만화는 현실을 단순화시켜 상징적으로 표현한 결과물이라고 할 수 있습니다.

서양의 식문화가 만화라는 매체에서 단순하게 표현되며 시작된 만화 고기. 미국에서 일본을 거쳐 우리나라까지 먼 길을 돌아오며 지금의 만화 고기가 완성되었습니다.

◀ 영상으로 알아보기

고추의 어느 부분이 가장 매울까?

고추의 씨가 달리는 부분을 태좌라고 한다.

식당에서 반찬으로 나오는 고추를 먹다 보면 매운 맛이 슬슬 올라옵니다. 많이 먹어서 매운 걸까요? 아닙니다. 고추의 가장 매운 부분을 마지막에 먹기 때문입니다.

고추에서 가장 매운 부분은 고추씨가 달리는 '태좌'라는 부분입니다. 고추의 매운맛을 내는 캡사이신은 주로 태좌에서 생합성됩니다. 국내 연구진이 말린 홍고추의 성분을 조사했더니 태좌에 96.9%의 캡사이신이 몰려 있었다고 합니다. 태좌 다음으로는 과피가 1.7%, 씨앗이 1.4%의 캡사이신을 갖고 있었습니다.

우리가 고추를 먹을 때 처음에 비해 뒤로 갈수록 맵다고 느꼈던 건 모두 태좌 때문이었습니다. 그런데 청양고추는 왜 처음부터 매운 걸까요? 청양고추는 캡사이신 함유량이 워낙 많아서 그렇습니다.

고추도 품종마다 캡사이신 함유량이 다릅니다. 청양고추는 일반 풋고추에 비해 훨씬 많은 캡사이신을 가지고 있습니다. 태좌뿐만 아니라 과피에도 많은 캡사이신을 함유하고 있기 때문에 굳이 태좌까지 먹지 않더라도 알싸한 매운맛을 더 많이 느낄 수 있는 것입니다.

PART 2

쓰다가 생각난 질문

USB에 파일을 가득 채우면 진짜 무거워질까?

우리는 크기가 큰 파일을 말할 때 흔히 파일이 '무겁다'라고 합니다. 그런데 실제로 파일에 무게가 있을까요?

먼저, 0.0001그램까지 측정할 수 있는 정밀한 저울에 새 USB와 파일을 가득 넣은 USB를 각각 올렸습니다. 그랬더니 새 USB는 1.3371그램, 데이터를 저장한 USB는 1.3409그램이 나왔습니다. 데이터를 저장한 뒤 무게가 0.0038그램 늘어난 것을 확인할 수 있었습니다. 그럼 이게 데이터의 무게인 걸까요? 애초에 데이터에 무게란 게 있긴 할까요?

새 USB와 데이터로 꽉 찬 USB의 무게 비교

🎙 삼성전자 메모리사업부 프로 김강민: 우리가 종이에 연필로 글씨를 써서 데이터를 저장한다고 하면 연필에서 묻어나는 흑연의 무게만큼 전체 무게가 늘어나게 될 것입니다. 그런데 데이터를 종이를 뚫어 표현할 경우, 예를 들어 '종이가 뚫려 있으면 정보가 있고 종이가 뚫려 있지 않으면 정보가 없다'라는 방식으로 정보를 저장한다고 하면 오히려 무게가 줄어들어서 이런 경우에는 데이터에 무게가 없다고 생각할 수 있습니다. 따라서 저장 방식에 따라 데이터는 무게가 있을 수도 있고 없을 수도 있습니다.

　USB의 저장 방식은 연필로 글씨를 써서 데이터를 저장하는 방식과 비슷합니다. 다만 연필 대신 전자로 데이터를 쓰는데, 그 과정을 차근차근 살펴보면 다음과 같습니다.

　USB에 데이터를 저장하는 방식은 스위치를 눌러서 전구를 켜는 것과 비슷합니다. USB 안에 있는 메모리 칩에는 '셀cell'이라는 눈에 보이지 않는 작은 스위치들이 있습니다. 스위치가 켜지면 1이라는 신호가 기록되고, 스위치가 꺼지면 0이라는 신호가 기록됩니다. 이렇게 1 또는 0으로 기록되는 셀 한 칸의 정보를 1비트bit라고 하고, 이 정보가 8개 모이면 1바이트byte라고 합니다. 1바이트가 1024개 모이면 1킬로바이트KB, 다시 1킬로바이트가 1024개 모이면 1메가바이트MB, 또 1메가바이트가 1024개 모이면 1기가바이트GB로 64기가바이트짜리 USB에는 스위치가 5497억 5581만 3888개가 있는 셈입니다.

다만 USB에서는 그 스위치를 켜는 역할을 전자가 합니다. 예를 들어서 〈모나리자〉 그림을 옮긴다고 가정해 보겠습니다. 이 그림을 디

데이터를 디지털 신호인 0과 1로 변환 후 셀에 기록한다.

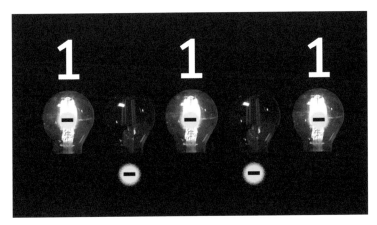

전자의 유무로 0과 1을 기록한다.

지털 신호로 바꾸면 10101111111011101…처럼 0과 1이 수없이 나열된 형태가 됩니다. USB는 이 0과 1로 된 정보만 저장합니다. 셀 하나에 전자가 갇혀 있으면 1, 갇혀 있지 않으면 0, 이런 식으로 정보를 기록합니다. 그렇다면 정보를 기록하는 전자는 어디서 갑자기 생겼을까요?

정보를 USB로 옮길 때 셀에 전류가 흐르면서 전자가 지나갑니다. 이때 셀을 지나가던 전자가 특정한 공간 플로팅 게이트으로 이동하면 스위치를 켠 것처럼 1이 기록되고, 전자가 이동하지 않으면 스위치를 끈 것처럼 0이 기록됩니다. 즉, USB 밖에서 들어 온 전자가 저장되면서 1을 기록하면 전자만큼 무게가 더 무거워질 수 있는 것입니다.

시중에 나와 있는 USB 중 가장 용량이 큰 것을 가득 채웠을 때 무게가 얼마나 바뀔 수 있을지 계산해 봤습니다.

🎙 삼성전자 메모리사업부 프로 김강민: 512기가바이트 기준으로 계산을 하려면, 먼저 512기가바이트를 비트로 환산해야 합니다. $512 \times 1024 \times 1024 \times 1024 \times 8$를 하면 4조 3980억 4651만 1104비트가 나옵니다. USB는 셀 하나당 3비트가 저장되기 때문에 셀의 개수를 구하기 위해서는 비트 값에 3을 나누어야 합니다. 그러면 총 셀의 개수인 1조 4660억 1550만 3701이 나옵니다. 한 셀당 500개의 전자를 저장하고 전자의 무게는 9.1×10^{-31}킬로그램이므로, 전체 데이터의 무게는 약 0.6피코그램입니다.

0.6피코그램을 풀어서 쓰면 0.0000000000006그램입니다. 그럼 앞에서 쟀던 USB의 무게 차이는 전자의 무게가 아닌 걸까요?

🎙 삼성전자 메모리사업부 프로 김강민: 제가 생각하기에는 손에서 나오는 땀 같은 이물질의 무게가 아닐까 싶습니다. USB의 무게가 전자의 무게만큼 늘긴 하겠지만 측정 불가능한 수준의 변화입니다.

결국, '파일이 무겁다'는 표현이 맞긴 하지만 우리가 그 차이를 느낄 수는 없다고 할 수 있겠습니다.

 ◀ 영상으로 알아보기

컴퓨터 속 기판은 왜 초록색일까?

전자 제품을 분해하면 나오는 기판들은 왜 대부분 초록색일까요? 제조사에 물어보니, 처음엔 사람의 눈을 보호하기 위해 초록색으로 만들었다고 합니다.

이 기판의 이름은 '인쇄 회로 기판PCB, Printse Circuit Board'입니다. 전자 제품 작동에 필요한 여러 부품들을 이 위에 장착하면 기판이 부품들을 서로 연결해 줍니다. 옛날에는 기판을 만들고 나서 품질 검사를 할 때 사람이 하나하나 살펴봐야 했다고 합

인쇄회로기판(PCB)

니다. 그래서 검수 과정에서 눈의 피로를 줄이기 위해 인쇄 회로 기판을 초록색으로 만들었습니다. 그런데 이 초록색이 단순히 눈의 피로를 막는 역할만 하는 것은 아닙니다. 기판을 녹색으로 칠할 때 쓰는 PSR 잉크는 기판을 코팅해서 부품들의 합선을 막고 기판을 보호하는 역할을 합니다.

요즘은 검은색, 빨간색, 파란색 등 다양한 색상의 기판들을 볼 수 있습니다. 이제는 품질 검사를 사람의 눈이 아닌 기계를 통해서 하기 때문에 기판이 굳이 초록색일 필요가 없기 때문입니다. 하지만 초록색을 쓰던 것이 익숙하다 보니 아직도 상당수의 기판이 초록색으로 생산되고 있다고 합니다.

파일 이름에 왜 특정 기호를 사용할 수 없을까?

윈도에서 파일명에 사용할 수 없는 기호들

다른 용도로 사용해야만 하는 기호는 파일 이름에 쓸 수 없습니다. 예를 들어 윈도에서는 파일 경로를 표시할 때 각 파일을 구분하기 위해 백슬래시\를 씁니다. 파일 이름에 백슬래시가 들어간다면 파일 경로를 표기할 때 오류가 생길 수 있기 때문에 사용하지 못하게 막아둔 것입니다. 그리고 콜론:은 드라이브를 표시할 때 쓰고 마침표.는 파일 확장자를 표시해줄 때 사용합니다.

참고로 한글 폰트를 사용하거나 윈도 시스템이 한글로 설정돼 있으면 백슬래시 키를 눌렀을 때 원화 기호₩가 나옵니다.

맥은 윈도보다 파일명에 더 많은 기호를 쓸 수 있습니다. 단, 콜론은 윈도의 백슬래시처럼 파일을 구분하는데 사용되기 때문에 사용할 수 없습니다.

운영체제별로 파일을 관리하는 방식이 달라서 쓸 수 없는 기호도 차이가 납니다. 그래서 핸드폰도 운영체제에 따라 파일 이름에 특정 기호를 쓸 수 없습니다.

파일 이름에 꼭 이 기호들을 써야할 때는 한 가지 방법이 있습니다. ㄱ, ㄴ, ㄹ 등 글자를 입력하고 한자 키를 눌러서 같은 기호를 전각 문자로 입력하면 됩니다.

볼펜 똥은
왜 생기는 걸까?

글씨를 또박또박 예쁘게 쓰려다가 볼펜 똥 때문에 엉망이 되어 본 적 있나요? 글씨를 작게 쓰는 사람이라면 볼펜 똥이 필기를 망친 적이 한두 번이 아닐 것입니다. 왜 자꾸 볼펜 똥이 나오는 걸까요?

볼펜 끝을 보면 아주 작은 볼ball이 있습니다. 볼펜으로 글씨를 쓰면 이 볼이 종이와 닿아 회전합니다. 이 과정에서 심에 있던 잉크가 볼에 묻어 종이에 글씨가 써집니다. 문제는 볼에 묻어 있던 잉크들이 전부 다 종이로 옮겨지는 것이 아니라는 점입니다. 잉크 중 일부는 계속 볼에 달라붙어 있습니다. 그래서 볼펜을 쓰면 쓸수록 볼에 잉크 찌꺼기가 쌓이고, 잉크 찌꺼기가 쌓이다 보면 볼펜 똥으로 나옵니다. 즉, 볼펜은 애초부터 볼펜 똥이 생길 수밖에 없는 구조인 것입니다. 하지만

볼펜 끝을 자세히 보면 작은 볼을 확인할 수 있다.

아무리 어쩔 수 없다고 해도 볼펜 똥이 너무 많이 나오면 글씨를 쓸 때 불편합니다. 그래서 볼펜 똥의 개수도 KS 표준으로 정해져 있습니다. 볼펜 품질 검사 중 기계로 300미터의 선을 긋게 하는 시험이 있습니다. 그때 볼펜 똥이 15개 이하가 나와야 KS 인증을 받을 수 있습니다.

그런데 약 80년 전만 하더라도 볼펜 똥은 존재하지 않았습니다. 정

구슬치기에서 볼펜의 아이디어를 얻었다.

확히 말하자면 볼펜 자체가 없었습니다.

현대식 볼펜을 만든 사람은 헝가리 출신의 기자 '라슬로 비로'입니다. 평소 그는 쉽게 글씨가 번지고, 잉크가 자주 떨어지는 만년필을 불편해했습니다. 그래서 빨리 마르는 신문 인쇄용 윤전기 잉크를 만년필에 넣어 보기로 했습니다. 하지만 윤전기 잉크는 빨리 마르는 대신 잉크 점도가 너무 강해서 만년필 펜촉에서 흘러나오지 않았습니다.

이 문제를 해결하기 위해 고민하던 어느 날, 라슬로 비로는 길에서 아이들이 구슬치기하는 것을 보고 해답을 얻었습니다. 한 구슬이 물웅덩이를 가로지르면서 지나간 자리에 자국이 남는 것을 보고 볼펜의 원리를 떠올린 것입니다. 그렇게 1938년, 볼펜이 최초로 등장하게 되었습니다.

필기를 망치는 볼펜 똥을 없앨 수는 없지만 줄일 수 있는 방법은

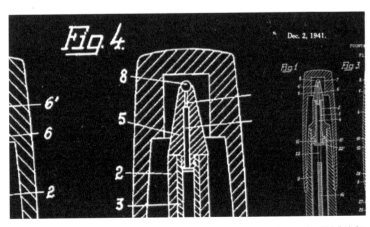

라슬로 비로의 볼펜 설계도

있습니다. 종이를 여러 장 덧대서 필기를 하는 것입니다. 그럼 볼과 종이의 접촉면이 넓어지기 때문에 볼에 남게 되는 잉크 찌꺼기도 줄어들게 됩니다. 약간의 볼펜 똥도 싫다면 잉크 점성이 낮은 수성 볼펜을 쓰는 것도 하나의 방법입니다.

◀ 영상으로 알아보기

뚜껑이 없는 볼펜은 어떻게 잉크가 마르지 않을까?

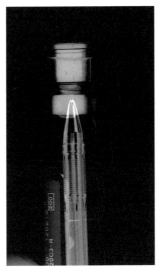

뚜껑이 있는 볼펜

볼펜의 잉크가 나오는 끝부분을 '팁'이라고 부릅니다. 제조사에 물어보니 뚜껑이 있는 볼펜과 없는 볼펜은 팁의 잉크를 보호하는 방법이 다르다고 합니다.

먼저 뚜껑이 있는 볼펜은 우리가 쉽게 예상할 수 있듯 뚜껑으로 공기를 차단해서 잉크가 마르지 않도록 합니다. 볼펜 뚜껑 안쪽을 살펴보면 P.P폴리프로필렌나 실리콘 등으로 만든 작은 구조물이 들어가 있습니다. 이 구조물은 뚜껑을 닫을 때 안쪽이 완전히 밀폐되도록 도와주는 장치입니다.

뚜껑이 없는 볼펜은 팁의 바깥이 아니라, 안쪽에서 잉크를 막습니다. 뚜껑이 없는 볼펜의 팁을 만들 때 안에 스프링을 넣어 줍니다. 우리가 볼펜을 쓰려고 힘을 주면 그 압력이 볼과 스프링을 누르게 되고 틈이 생기며 잉크가 나옵니다. 볼펜을 쓰지 않을 땐 스프링이 원래대로 늘어나 틈이 막히기 때문에 잉크가 마르는 것을 방지할 수 있습니다.

뚜껑이 없는 볼펜

볼펜심 속 투명한 액체는 뭘까?

이 액체의 이름은 '잉크 역류 방지제'입니다. 이름에서 알 수 있듯 잉크가 거꾸로 새어 나오지 않도록 막는 역할을 합니다. 또 잉크가 마르지 않도록 보호막 역할도 하고 잉크를 밀어서 볼펜이 잘 나올 수 있게 도와 주기도 합니다.

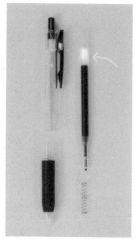

역류 방지제의 원료는 볼펜에 따라 조금씩 다른데, 일반적으로 실리콘, 파라핀, 겔화제 등을 주로 사용한다고 합니다. 이러한 원료들은 잉크보다 점성이 강하기 때문에 볼펜심의 길목을 막아서 잉크가 새지 않게 합니다.

잉크역류방지제

수성펜은 심의 윗부분이 막혀있다.

일부 유성펜이나 수성펜은 역류 방지제가 없습니다. 유성펜은 잉크 자체의 점도가 높기 때문에 역류 방지제가 없어도 쉽게 잉크가 새거나 마르지 않습니다.

그리고 수성펜은 구조가 유성펜이나 중성펜과는 다릅니다. 수성펜은 심의 윗부분이 막혀 있습니다. 수성 잉크는 점성이 아예 없기 때문에 만약 수성펜을 중성펜 구조로 만들면 역류 방지제 만으로는 잉크가 샐 수 있기 때문입니다.

왜 옛날에는 카드 번호가 튀어나왔을까?

오래 전에 발급받은 신용카드나 체크카드를 보면 카드 번호가 양각으로 볼록 튀어나온 것을 볼 수 있습니다. 그런데 최근에 발급받은 카드는 튀어나온 곳 없이 밋밋합니다. 왜 요즘엔 번호가 튀어나온 카드가 없을까요? 궁금해서 카드사 몇 군데에 전화해서 물어봤는데, 생각보다 간단한 대답이 돌아왔습니다. 이젠 튀어나올 필요가 없다는 것이었습니다. 그렇다면 예전에는 왜 글자가 튀어나와야 했던 걸까요?

카드를 사용해서 계산할 때를 생각해 봅시다. 카드를 기계에 꽂거나, 갖다 대거나, 아니면 아예 실물 카드를 쓰지 않기도 합니다. 몇 년 전까지만 해도 카드 뒷면에 있는 마그네틱을 이용해 결제하기도 했

과거에는 매출 전표를 카드 위에 놓고 찍었다.

습니다. 그럼 마그네틱 방식이 최초의 카드 결제 방식이었을까요? 아닙니다. 카드의 볼록 튀어나온 양각 문자가 바로 마그네틱을 이용한 결제 방식보다 더 이전의 결제 방식에 사용된 것입니다.

　지금은 카드를 꽂는 순간 거래가 승인되고 영수증도 즉시 나옵니다. 하지만 우리나라에 신용카드라는 개념이 처음 생긴 1969년에는 오늘날처럼 즉각적인 결제가 불가능했습니다. 거래내역을 관리하는 전산망이 없었기 때문에 카드로 결제할 때마다 손으로 매출 전표를 찍어야 했죠.

예전에 사용하던 백지 매출 전표는 사이에 먹지가 끼워진 형식이었습니다. 그래서 매출 전표를 카드 위에 올려놓고 긁으면 양각으로 된 카드 번호와 이름, 유효 기간이 찍혔습니다. 그리고 전표의 남은 빈칸을 채우고, 서명하여 전표를 완성했습니다. 카드를 '긁는다'는 표현이 이 과정에서 생겼다고 추측하기도 합니다. 매장에서는 이 전표들을 모아 놨다가 나중에 은행이나 카드사에 내고 카드 대금을 받는 형식으로 카드 결제가 이루어졌습니다.

80년대부터는 여러 은행들이 신용카드를 발급하기 시작했습니다. 신용카드 사용량이 자연스럽게 늘어나면서 손님이 올 때마다 매번 매출 전표 위에 카드를 놓고 긁는 게 일이 되었습니다. 그래서 이를 대신해 줄 압인기가 등장했습니다. 압인기는 카드와 전표를 같이 넣고 누르면 양각 문자를 긁어 주는 도구였습니다. 이때까지만 해도 신용카드에 볼록 튀어나온 카드 번호는 없어서는 안 되는 것이었습니다. 그러나 90년대에 들어서면서 신용카드가 변하기 시작합니다.

🎙 BC카드 페이북회원팀 팀장 박주학: 90년대에 결제 단말기가 보급되면서 마그네틱 카드가 등장하고 압인기는 사라졌습니다. 지금은 IC카드, 디지털 결제 등이 있지만 그 당시에는 마그네틱 스와이프 결제가 신기술이었습니다.

전산시스템이 도입되면서 더 이상 전표를 긁어서 찍을 필요가 없

마그네틱 스와이프

게 되었습니다. 그렇게 양각 문자는 신용카드의 필수 요소가 아닌, 선택 요소가 되었습니다. 카드의 양각 문자는 이제 기능적으로는 쓸 모가 없지만 아직 일부 카드엔 남아 있기도 합니다. 그 이유는 무엇 일까요?

🎙 BC카드 디자인팀 과장 박첸슬러: 지금까지 카드 번호가 양각으로 남아있는 카드들이 있는데요. 기존에 양각으로 디자인되었던 카드 들은 카드 상품이 변경되거나 단종되기 전까지는 동일하게 양각 방 식으로 발급됩니다. 기존 카드의 디자인을 양각 문자가 없는 그래픽 방식으로 바꾸려면 디자인 공정을 거쳐야 하고 제작 프로세스도 재 설정해야 합니다.

그리고 표면 재질에 따라 그래픽 인쇄가 어려운 경우도 있다고 합니다. 이런 경우 양각 문자를 사용하여 카드 번호를 식별하기 좋게 제작한다고 합니다.

또, 예전에는 카드의 디자인이 주로 가로 형태였는데 최근에 나온 카드는 세로로 디자인된 것도 많습니다. 이 또한 양각 문자의 유무와 관계가 있다고 합니다. 양각으로 된 카드 번호를 카드 안에 담기 위해서는 번호를 가로로 쓸 수밖에 없었습니다. 그렇기 때문에 디자인도 번호를 따라 가로 형태가 될 수밖에 없었죠.

그런데 지금은 양각 표기가 줄어들면서 가로, 세로의 제약 없이 다양한 디자인의 카드가 출시되고 있습니다. 주로 카드 전면에는 상품 특성을 강조하고 후면에는 카드 번호를 프린트한 형태의 카드가 늘어나는 추세입니다.

영상으로 알아보기 ▶

돈 냄새는 왜 나는 걸까?

우리가 돈 냄새라고 부르는 냄새는
지폐를 만드는 데 쓰이는 원료 냄새
입니다.

1983년 이전에 사용된 지폐

1983년도에 '악취 나는 돈' 사건이 있
었습니다. 그해 한국은행은 새로운
디자인의 화폐를 만들었습니다. 그런
데 이상하게 1,000원 권과 5,000원
권에서 고약한 냄새가 났다고 합니
다. 얼마나 냄새가 심한지 사람들이
월급을 받자마자 새 지폐부터 써 버

1983년에 발행된 지폐

리거나 은행에 가서 일부러 헌 돈으로 바꿀 정도였다고 합니다.

알고 보니 새로운 지폐를 더 튼튼하게 만들기 위해 지폐 표면에 아교를 발랐는데 아교
의 젤라틴 성분을 좋아하는 세균이 번식하면서 악취가 났던 것입니다. 이제는 지폐 표면
에 무색무취의 약품을 바른다고 합니다.

그런데도 돈에서는 특유의 묘한 냄새가 납니다. 지폐는 종이보다 질긴 면섬유에 특수 잉
크를 여러 번 인쇄해 만듭니다. 그 원료 냄새가 섞이면서 새 돈에서도 특유의 돈 냄새가
나는 것입니다. 여러 사람의 손을 거친 헌 돈은 땀에 젖거나 이물질에 오염되면서 냄새
가 더 나기도 합니다.

순금은 왜 '24K'일까?

금으로 된 액세서리를 살 때, '18K'나 '24K'라
는 표시를 본 적 있을 것입니다. 여기서 K는
금의 순도를 나타내는 단위 캐럿karat을 뜻합
니다.

캐럿의 어원은 '캐럽carob, 그리스어 kerátion'이라는
열매입니다. 캐럽은 남유럽, 지중해, 중동 등
의 지역에서 나는 열매로, 말린 캐럽을 성인
손으로 한 줌 쥐면 딱 24개 정도가 잡힙니
다. 그래서 옛날에는 금이나 소금 같은 작은
물건을 거래할 때 무게를 재는 기준으로 캐럽을 썼다고 합니다.

캐럽 열매

우리가 금 함유량 99.9%의 순금을 24K로 표기하는 것도 캐럽으로 무게를 재던 것에서
유래한 것입니다. 18K는 24분의 18만큼 금이 들어갔다는 뜻으로 전체에서 금이 차지하
는 비율이 약 75%라는 뜻입니다. 14K는 금 함량이 24분의 14이므로 약 58%가 금인 것
이죠.

다이아몬드를 이야기할 때 종종 들어 봤을 '캐럿carat'도 어원은 캐럽 열매로 같습니다.
하지만 금의 캐럿이 순도를 나타내는 반면 다이아몬드의 캐럿은 무게를 나타냅니다. 그
래서 다이아몬드는 캐럿이 클수록 그 크기도 커지는 것입니다.

인공 눈물, 개봉 후 1~2 방울 버리라는 이유가 뭘까?

4

인공 눈물은 눈이 건조하고 따가울 때 우리에게 구원이 되어 주는 존재입니다. 게다가 일회용으로 포장된 인공 눈물은 보관하기도 편해서 학교나 회사에 하나씩 두고 사용하기 좋습니다. 그런데 일회용 인공 눈물의 사용 설명서를 읽어 본 적이 있나요? 일회용 인공 눈물 설명서에는 개봉 후 1~2방울 버리라는 내용이 적혀 있습니다. 왜 그런 걸까요?

약국에서 파는 7개의 일회용 인공 눈물을 살펴 봤습니다. 어떤 제품은 박스에, 다른 제품은 사용상 주의 사항에 적어 두었다는 것만 다를 뿐, 7개 중 5개의 일회용 인공 눈물이 제품 어딘가에 개봉 후 1~2방울을 버리라는 문구가 적혀 있었습니다.

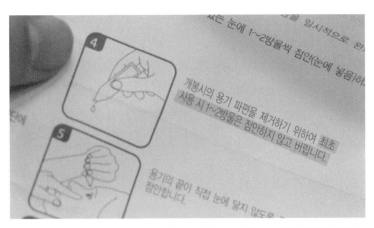

인공 눈물 사용 설명서에 처음 1~2 방울은 버리라고 되어있다.

왜 일회용 인공 눈물에 이런 문구가 들어가게 된 걸까요? 일회용 인공 눈물을 만드는 제약 회사에 문의하자, 이 문구가 식약처에서 약품 허가를 받을 때 필요한 필수 기재 사항이라는 설명을 들을 수 있었습니다. 실제로 식약처에서 발행한 〈일회용 점안제 안전관리 가이드라인〉에 관련 내용이 있었습니다.

"자른 곳에 요철이 생길 수 있어 용기 파편을 제거하기 위해 사용 전에 살짝 눌러 1~2방울을 사용하지 않고 버린다."

식약처는 실험 없이 안과 전문의들의 의견을 반영해 이 지침을 정했다고 설명했습니다. 정말 인공 눈물 안에 용기 파편이 있는 걸까요?

🎙 연세대 홍진기 교수팀 연구원: 인공 눈물 내에 파편이 존재하는지 확인하기 위해서 인공 눈물을 떨어뜨린 다음, 광학 현미경을 통해 관

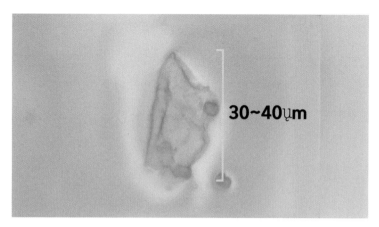

인공 눈물에서 나온 마이크로 사이즈의 파편

찰했습니다. 관찰 결과, 위 이미지와 같은 파편이 발견되었고 파편의 크기는 대부분 마이크로 사이즈로 확인되었습니다. 파편은 기존에 알려진 미세 플라스틱과 유사한 형태를 가지고 있었습니다.

미세 플라스틱은 5밀리미터보다 작은 플라스틱 조각을 뜻하는 말입니다. 맨눈으로 잘 보이는 크기부터 광학현미경으로도 볼 수 없는 수 나노미터nm 크기까지 다양합니다. 하지만 사진만으로는 파편이 정말 일회용 인공 눈물 용기에서 떨어진 것인지 알 수 없었습니다.

인공 눈물 용기의 성분은 LDPE, 즉 저밀도 폴리에틸렌입니다. 실험을 통해 발견한 파편이 이 성분과 같다면 인공 눈물 용기에서 나온 것이라고 볼 수 있을 것입니다.

🎙 연세대 홍진기 교수팀 연구원: 파편이 실제 인공 눈물 용기의 구성 성분인 LDPE인지 확인하기 위해서 '라만 스펙트로스코피'라는 분석 방법을 사용했습니다. 분석 결과, 인공 눈물에서 발견된 잔해가 LDPE일 것이라고 추측을 내린 상황입니다.

여기까지 알아보니 걱정이 되기 시작합니다. 이 문구를 못 보고 눈에 넣어버린 수십 마이크로 사이즈의 미세 플라스틱은 다 어디로 간 것일까요?

🎙 김안과병원 안과 전문의 고경민: 30~40마이크로미터㎛를 밀리미터로 환산하면 0.03밀리미터입니다. 해부학적 구조상 미세 플라스틱이 눈 뒤로 넘어갈 순 없습니다. 하지만 눈물이 내려가는 하수도인

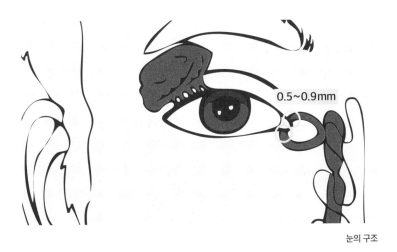

0.5~0.9mm

눈의 구조

눈물 구멍의 직경은 0.5~0.9밀리미터 정도여서 눈물 구멍을 통해 미세 플라스틱이 다른 곳으로 이동할 수도 있습니다. 눈물 구멍보다 작은 미세 플라스틱은 눈물이 나가는 길을 따라 코로 들어가거나 더 깊이는 폐까지 들어갈 수 있습니다.

눈의 구조를 잘 아는 전문가는 눈으로 들어간 미세 플라스틱이 몸 속 다른 곳으로 움직일 수 있다고 설명했습니다. 하지만 미세 플라스틱이 우리 몸속에 있는지의 문제는 우리 몸에 해롭냐, 해롭지 않냐를 따지는 문제와 다릅니다.

🎙 안전성평가연구소 환경위해성연구부장 박준우: 아직 미세 플라스틱의 위험성을 확정적으로 말씀드릴 수 있는 단계는 아닙니다. 다만 이

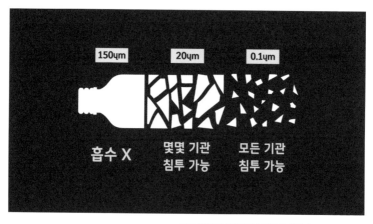

작은 입자의 미세 플라스틱은 우리 몸에 들어올 수 있다.

런 입자상 물질의 독성 영향을 오래전부터 연구해 왔기 때문에, 어느 정도 유추는 해 볼 수 있습니다.

같은 입자상 물질이더라도 크기가 작으면 인체에 들어올 확률이 더 높고 몸에 들어와서 오래 머물 수 있습니다. 그렇기 때문에 크기가 주는 영향이 중요하다고 할 수 있습니다.

인공 눈물 속 미세 플라스틱이 얼마나 해로운지 알 수는 없지만 당장 우리가 할 수 있는 일은 설명서대로 처음 1~2방울을 버리는 겁니다. 보통 일회용 인공 눈물 하나에 들어 있는 양은 0.5밀리리터로 12방울 정도입니다. 2방울을 버려도 양쪽 눈에 5방울씩 넣을 수 있는 양이죠. 그러니 아까워 말고 첫 1~2방울은 버리는 게 어떨까요?

영상으로 알아보기 ▶

포장된 두부에 들어 있는 물은 마셔도 되는 걸까?

두부에 들어 있는 물은 깨끗하게 정수한 물이라 마셔도 됩니다. 두부도 씻지 않고 바로 먹어도 됩니다. 제품을 만들 때 용기에 물과 두부를 넣고 밀폐 살균했기 때문입니다. 다만, 제품을 상온에 오래 방치했을 때는 이 물을 마시지 않는 것이 좋습니다. 두부에서 나온 영양소가 미생물로 번식할 수 있기 때문입니다.

특히 여름철에는 장을 보는 짧은 사이에도 큰 온도차가 발생할 수 있기 때문에 더 조심해야 합니다. 이럴 땐 두부를 사용하기 전에 흐르는 물에 한 번 헹구는 것이 좋다고 합니다.

포장된 두부에 있는 물

그런데 이 물은 왜 있는 걸까요? 두부에 들어 있는 물은 완충재 역할을 하여 외부 충격을 흡수해 두부가 으깨질 위험을 줄입니다. 뿐만 아니라 이 물은 보냉 역할도 합니다. 냉장고에 있던 두부가 상온에 노출됐을 때 이 물이 외부 온도를 막아 주어 두부가 시원하게 유지될 수 있도록 합니다.

그리고 두부를 쓰고 남았을 때, 이 물에 다시 담가 두면 안 됩니다. 밀폐 살균했던 제품을 이미 개봉했기 때문에 그 사이에 물이 변질될 수 있기 때문입니다.

면도날은 왜 이렇게 빨리 닳을까?

5

우리는 짧게는 매일 아침, 길면 몇 주에 한 번 면도를 합니다. 4센티미터 길이의 강철 날이 예리하게 털을 잘라내 얼굴이나 다리를 매끈하게 만들어 줍니다. 그런데 단단한 면도날은 이상하게도 연약한 털을 자르다 보면 금세 무뎌집니다. 처음 며칠은 매끄럽게 밀리지만 조금만 지나면 털이 뜯기는 느낌이 들고 며칠 뒤에는 피부에 상처까지 납니다. 이렇게 닳은 면도기는 버릴 수밖에 없습니다.

우리나라 사람들이 1년 동안 쓰고 버리는 일회용 면도기만 1억 개 이상이라고 합니다. 면도날이 더 튼튼하면 쓰레기를 훨씬 줄일 수 있을 것 같은데, 왜 면도날은 약한 털 정도에 무뎌지는 걸까요?

알루미늄	금	유리	면도날
245.2MPa	343.2MPa	5394MPa	8700MPa

면도날과 다른 소재의 강도

먼저, 면도날이 털보다 얼마나 더 단단한지 알아봤습니다. 면도날의 강도는 8,700메가파스칼MPa입니다. 우리가 거의 매일 쓰는 샴푸, 린스, 폼클렌징, 스킨, 에센스, 로션 통 같은 플라스틱보다 단단합니다. 게다가 우리가 꽤 단단하다고 생각히는 알루미늄, 금, 유리보다도 단단합니다. 한편 머리카락은 가장 단단한 부분의 강도가 170메가파스칼로 면도날보다 50배 정도 약합니다. 이렇게 강도가 많이 차이 나는데 도대체 면도날은 왜 며칠 만에 닳아 버리는 걸까요? 비슷한 궁금증을 갖고 연구한 사람들이 있어서 물어보았습니다.

🎙 MIT 재료과학공학부 연구원 지안루카 로시올리: 면도날처럼 날카로운 칼날에서 일어나는 문제는 '닳는' 것이 아닙니다. 저희는 면도날이 털에 닿아서 닳는 부피를 살펴봤습니다. 하지만 그 양은 매우 적었습니다. 한 번도 사용하지 않은 날과 10번 사용한 날을 전자 현미경으로 확인해 보았는데, 표면은 더러워졌지만, 날 끝에는 별 차이

가 없어 보였습니다. 10번 사용한 날은 1나노미터 당 13세제곱나노미터$_{nm^3}$밖에 닳지 않았습니다. 이는 소금 한 알보다 수십억 배 이상 작은 부피입니다. 날 끝은 거의 닳지 않았지만 면도날에 이가 빠지는 듯한 흠집이 생긴 것을 발견할 수 있었습니다.

사람들은 털과 맞닿는 칼날 부분이 마찰 때문에 둥글어진다고 생각합니다. 하지만 연구에 따르면 면도날은 닳아서 둥글어지는 것이 아니라 세로로 쪼개진다고 합니다. 그리고 한 번 쪼개진 면도날을 다시 쓰면 흠집이 커지면서 칼날이 떨어져 나갑니다. 면도날로 털을 자르는 모습을 전자 현미경으로 보면 날 끝이 떨어져 나가는 모습을 볼 수 있습니다. 그래서 오래된 면도날을 쓰면 피부가 긁히는 느낌을 받는 것입니다.

🎙 MIT 재료과학공학부 교수 제말 젬 타산: 면도날 끝은 원자 수준까지 매끄럽진 않습니다. 새 면도날도 완벽하게 매끄럽진 않아서 움푹 들어간 부분이 쪼개질 수 있습니다. 면도날 소재가 비균질하기 때문에 이런 현상이 생기는데, '비균질하다'는 것은 면도날 소재 안에 다양한 입자들이 불규칙하게 섞여 있다는 뜻입니다. 면도날 안엔 더 단단한 입자와 약한 입자들이 불규칙하게 섞여 있습니다. 소재가 비균질할 경우 울퉁불퉁한 부분이 세로로 깊게 패일 확률이 높습니다.

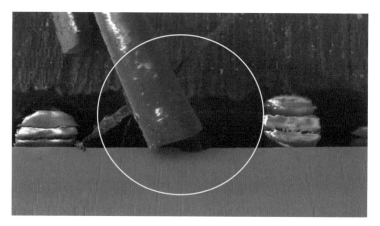

면도날은 닳아서 둥글어지는 것이 아니라 세로로 쪼개진다.

 면도날의 작은 흠집 부분에 털이 지나가면 흠집이 더 커지며 여기저기 이가 빠지게 됩니다. 왜 면도날은 비균질하고 처음부터 흠집이 있는 걸까요? 그 이유를 알기 위해선 면도날을 만드는 방법을 이해해야 합니다.

🎙 재료연구소 책임연구원 장재훈: 면도날 소재는 철광석에 크롬과 탄소를 섞어 만든 마텐사이트계 스테인리스 스틸입니다. 면도날을 만들기 위해 얇은 판을 섭씨 1000도 이상의 뜨거운 온도로 가열하는데, 이 과정에서 탄화물이 녹아 균질한 조직이 만들어집니다. 그리고 물에 강철을 차갑게 식히는 '켄칭' 과정을 통해 높은 강도를 부여합니다. 여기까지만 하면 높은 강도를 가지고 있지만 쉽게 부러집니다. 그래서 섭씨 150도 정도에서 열처리를 하여 잘 부러지지 않게끔 하

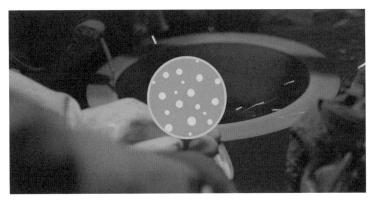

비균질한 면도날 소재

연마 과정에서 비균질한 입자들이 떨어지며 울퉁불퉁해진다.

는 '템퍼링' 과정을 거칩니다. 템퍼링 과정에서 소재 안에 있던 탄소에 움직임이 생기고 균질하던 조직이 다시 뭉치며 비균질해집니다.

더 큰 문제는 이 소재를 날카롭게 깎아내면서 생깁니다. 칼날을 날카롭게 만들기 위해서는 빠르게 돌아가는 연마석에 날을 갈아 내야 합니다. 이런 방법으로 비균질한 면도날을 갈면 불규칙하게 흩어져 있던 입자들이 떨어져 나오고 칼날 끝이 울퉁불퉁해집니다. 그럼 여기서 한 가지 더 궁금증이 생깁니다. 쉽게 이가 빠지지 않는 면도날을 만들 수는 없을까요? 현재 만드는 방법이 최선일까요?

🎙 재료연구소 책임연구원 장재훈: 지금으로서는 최선으로 알고 있는 방법입니다.

🎙 MIT 재료과학공학부 교수 제말 쳄 타산: 우리는 해결책이 있다고 생각합니다. 해결책은 아마도 소재의 단단한 정도는 유지하면서 불규칙한 구조를 없애는 방식이 될 것이라고 예상합니다. 보통 어떤 소재는 한 가지 이유만으로 실패하지 않습니다. 실패할 수 있는 수많은 이유가 있죠. 그래서 공학자로서 우리는 일종의 전쟁을 펼치고 있습니다. 수많은 실패 원인에 맞서 싸우는 전쟁을요.

 ◀ 영상으로 알아보기

이발소와 미용실은 무슨 차이일까?

미용사와 이용사 자격증은 다르다.

이발소와 미용실 둘 다 머리를 하는 곳이지만 결정적인 차이가 있습니다. 바로 면도입니다. 이발소에서는 면도를 할 수 있고 미용실에서는 할 수 없습니다. 공중위생관리법에 따르면 이용사의 업무 범위에는 면도가 포함되어 있습니다. 미용사의 경우는 면도는 불가능하고 눈썹 정리 정도만 할 수 있습니다.

이발소에서 일하려면 '이용사' 자격증이, 미용실에서 일하려면 '미용사' 자격증이 필요합니다. 미용사 자격증은 일반, 피부, 네일, 메이크업 등 4가지 종류가 있는데 머리를 다루는 일을 하려면 일반 미용사 자격증을 따야 합니다. 이용사와 일반 미용사가 하는 일은 커트, 샴푸, 염색 등 비슷한 부분이 많지만 면도는 이용사만 할 수 있습니다.

문신은 지워지지 않는데 눈썹 문신은 왜 지워질까?

눈썹 문신을 하는 표피층

바로, 문신을 새기는 위치가 다르기 때문입니다. 눈썹 문신은 피부 표면인 표피 가장 아래쪽, 기저층에 색소를 넣습니다. 표피에서는 세포가 끊임없이 분화하며 오래된 세포는 각질이 됩니다. 그래서 표피에 색소를 아무리 깊이 넣어도 어느새 염색된 층이 피부 바깥쪽으로 올라와 각질로 떨어져 나올 수밖에 없습니다.

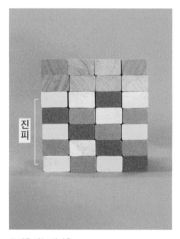

문신을 하는 진피층

반면 문신은 표피보다 더 깊이 있는 진피층에 색소를 넣습니다. 진피층에 바늘로 색소를 찔러 넣으면 우리 몸은 외부 침입자가 생겼다고 여기고 면역 세포인 '대식세포'를 보냅니다. 대식 세포는 잉크를 병원균으로 인식하고 잡아먹지만 잉크를 분해하는 효소를 가지고 있지 않기 때문에 잉크를 머금은 채 머물게 됩니다. 대식세포가 수명을 다해 죽더라도 다른 대식세포가 잉크 입자를 그대로 다시 잡아먹기 때문에 문신이 지워지지 않고 그대로 있는 것처럼 보입니다.

눈을 찌푸리면 왜 더 잘 보일까?

6

그냥 볼 때는 멀어서 보이지 않던 글자도 눈을 찌푸리거나 양쪽 눈에 주먹 쥔 손을 대고 작은 틈으로 보면 읽을 수 있습니다. 어떻게 이런 일이 가능한 걸까요?

'어떤 글자가 보인다'는 것은 빛이 이 글자에 반사되어 우리 눈, 정확하게는 동공으로 들어와 망막에 도달했다는 뜻입니다. 그런데 시력이 나쁜 사람은 빛이 정확히 망막에 모이지 않고 여러 위치로 흩어져 글자가 흐리게 보입니다. 특히 수정체의 가장자리를 지나는 빛일수록 더 멀리 흩어집니다. 그런데 손을 눈앞에 갖다 대거나 눈을 찌푸리면 손이 수정체 가장자리를 지나는 빛을 막아 가장자리에 맺힌 상이 사라집니다.

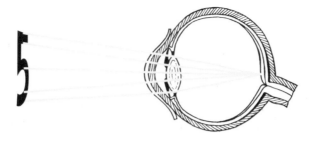

빛이 망막에 도달하면 사물이 보인다.

빛이 망막에 정확하게 모이지 않으면 사물이 제대로 보이지 않는다.

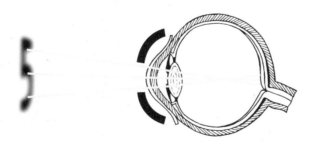

가장자리로 퍼지는 빛을 가려주면 빛이 퍼진 정도가 줄어들어 더 잘 보인다.

🎙 서울과학기술대 안경광학과 교수 홍형기: 작은 구멍을 통해서 보면 초점이 맞지 않아도 빛이 망막에 도달했을 때 빛의 경로 차이, 위치 차이가 훨씬 줄어듭니다. 그렇기 때문에 결과적으로 조금 더 상이 선명하게 보입니다.

이런 현상을 '핀홀 효과'라고 합니다. 사실 우리는 초등학교에서 '바늘 구멍 사진기'를 통해 이 현상을 이미 배웠습니다. 구멍이 뻥 뚫려 있다면 넓게 퍼져 있을 빛이 바늘 구멍을 통과하면서 한 점에 모이게 됩니다. 어디든, 아주 작은 구멍만 있으면 이런 일이 자연스럽게 일어날 수 있습니다. 실제로 프라하 성의 지붕에 작은 구멍이 생기면서 바로 옆 건물이 내부 벽에 뚜렷하게 비쳐 보이는 현상이 일어난 적도 있었습니다.

핀홀 효과

그럼 구멍 크기가 얼마나 작아야 이런 일이 일어날까요? 이는 눈을 얼마나 작게 떠야 선명한 상을 볼 수 있는지와 같은 질문입니다. 바늘 구멍 사진기에 구멍을 어느 정도 크기로 뚫어야 할지 계산하는 프로그램으로 계산해 보니 성인의 평균 안구 크기인 24밀리미터를 초점 거리로 둘 때, 구멍의 크기는 0.2밀리미터가 나왔습니다. 그럼 0.2밀리미터 만큼 눈을 작게 뜨면 눈이 나쁜 사람도 선명하게 볼 수 있는 걸까요?

🎤 서울과학기술대 안경광학과 교수 홍형기: 비현실적인 이야기입니다. 사람은 빛이 들어오는 양이 적으면 안 보이지만, 바늘 구멍 사진기는 빛이 들어오는 시간을 길게 조절할 수 있습니다. 또, 사람 눈에서는 작은 구멍을 통과할 때 빛이 경계부에서 꺾이는 회절 효과도 함께 나타나기 때문에 바늘 구멍 사진기 수식을 사람 눈에 적용하여 시력을 교정한다는 것은 사실 의미가 없습니다.

 ◀ 영상으로 알아보기

할아버지 귀는 왜 더 커 보일까?

할머니와 할아버지는 왜 귀가 더 커 보일까요? 실제로 나이를 먹을수록 귀가 점점 커지기 때문입니다. 1993년, 영국의 의사단체 '왕립일반 의학회'의 회원들이 환자 206명의 귀 크기를 재 보았는데, 환자의 연령이 올라갈수록 귀의 길이도 늘어난 것을 확인할 수 있었습니다.

할아버지는 귀가 더 커 보인다.

실험에 참가한 환자들의 나이는 30살에서 93살 사이로 성장기인 사람은 아무도 없었습니다. 연구진은 매년 평균 0.22밀리미터 정도씩 귀가 커진다고 봤습니다. 예를 들어 30살의 청년이 80살이 됐을 때 귀가 1센티미터 정도씩 더 길어진다는 것입니다. 성장기가 다 지났는데도 계속 귀가 커지는 이유는 무엇일까요?

학계에서는 귀가 자란 게 아니라 늘어난 것으로 보는 경우가 많습니다. 일본에서도 나이별로 귀 크기가 어떻게 변하는지를 연구한 적이 있었습니다. 연구에 따르면 나이가 들수록 귀의 탄력 섬유와 연골 세포의 농도가 낮아지는데, 연구진은 이 현상 때문에 귀의 탄력이 떨어져서 크기가 늘어날 수 있다고 보았습니다.

PART 3

이상해서 느껴진 궁금증

휴일을 왜
빨간 날이라고 할까?

1

설날, 삼일절, 어린이날, 한글날, 추석, 일요일의 공통점은 무엇일까요? 바로 '빨간 날'이라는 점입니다. 이렇게 휴일을 빨간 날이라고 부르는 표현은 우리나라에만 있는 것이 아닙니다. 영어권red letter day은 물론이고, 노르웨이rød dag, 스웨덴röd dag 그리고 홍콩紅日에도 있습니다. 뜻도 우리나라와 똑같습니다. 그런데 하고많은 색깔 중에 왜 하필 빨간색이었을까요? 휴일을 파란 날이나 노란 날이라고 부르지 않는 특별한 이유가 있을까요?

달력 속 빨간 날은 아주 오래전에도 존재했던 것으로 보입니다. 약 2,100년 전 만들어진 고대 로마의 달력에도 곳곳에 빨간 글씨가 있습니다. 이는 현대와 비슷하게 신을 기리는 날이나 국가 기념일을 표

고대 로마 달력 속 빨간 글씨

시한 것입니다. 인류에게 빨간색은 어떤 존재길래 이렇게 오래전부터 존재감을 드러냈던 걸까요? 색채를 연구하는 전문가에게 물어봤습니다.

🎙 청운대 공간디자인학과 교수 문은배: 빨간색은 눈에 가장 먼저 띄고 멀리서도 잘 보이는 특성을 갖고 있습니다. 갓난아기 때 가장 먼저 기억하는 색이 빨간색일 정도로 빨간색은 동물학적으로도 먼저 눈에 띄는 특성을 가지고 있습니다.

빨간색은 수많은 색 중에서 인간이 가장 먼저 인지하고 배우는 색입니다. 그래서 어떤 언어에서는 하나의 단어가 '색'과 '빨간색'을 모두 뜻하는 경우도 있습니다.

예를 들어 스페인어에는 콜로라도colorado라는 단어가 있습니다. 이 단어는 '색을 띠다'라는 뜻인데, 동시에 '붉다'를 뜻하기도 합니다. 참고로 미국의 콜로라도주가 바로 이 단어에서 유래되었습니다. 콜로라도 강의 붉은 토양 때문에 이런 이름이 붙었다고 합니다.

빨간 날 이야기로 돌아가서, 로마가 기독교를 인정한 후 처음으로 열린 종교 회의인 '제1차 니케아 공의회'에서 '부활절이나 크리스마스 같은 대축일은 교회 달력에 빨간색으로 표시하도록 한다'는 결정을 내립니다. 물론 빨간색이 눈에 잘 보이는 색이긴 하지만 이유가 그게 전부였을까요?

🎤 청운대 공간디자인학과 교수 문은배: 기독교에서 빨간색은 성령을 의미합니다. 하느님의 손길이 직접 닿은 물건을 상징하는 색이 바로

서양에서는 편지를 봉인할 때도 빨간색을 사용했다.

빨간색입니다. 외국 영화 등에서 편지를 쓰고 초를 녹여 봉인할 때, 빨간색을 사용하는 것을 볼 수 있습니다. 이는 편지에 잡귀가 끼지 않도록 정화하는 과정이라고 할 수 있습니다.

중세시대 이후에는 교회 달력뿐만 아니라 책에도 빨간색이 사용되었습니다. 문단의 첫 대문자나 강조하고 싶은 중요한 단어를 빨간색으로 썼습니다. 이때의 관습이 정착해서 지금까지 일요일이나 휴일은 빨간색으로 표기한 것이라는 의견이 지배적입니다.

이렇게 기독교 문화권인 유럽에서는 빨간 날과 관련된 단서를 어렵지 않게 찾을 수 있습니다. 우리나라는 기독교 문화권이 아니었는데, 왜 빨간색으로 휴일을 표시하게 된 걸까요?

물론 우리 선조들도 빨간색을 길조로 여기긴 했습니다. 임금님도

우리나라도 빨간색을 길하게 여겼다.

빨간 옷을 입었고, 부적도 빨간색으로 쓰고, 과거시험에 붙은 사람에게 빨간 종이로 된 합격증을 줬습니다. 하지만 국가 기념일이나 왕의 기일 같은 중요한 날을 달력에 기록할 때는 굳이 빨간색이나 다른 색을 쓰진 않았습니다.

그럼 우린 언제부터 빨간 날을 달력에서 보게 된 걸까요? 그걸 알아보기 위해서는 다시 유럽으로 넘어가야 합니다. 1582년, 교황 그레고리우스 13세는 달력을 새롭게 바꾸었습니다.

🎙 국립과천과학관 관장 이정모: 지금 사용하는 달력 이전에는 율리우스력을 사용했습니다. 율리우스력은 365.25일을 1년으로 합니다. 그런데 1년은 정확하게 365.242일입니다. 율리우스력이 만들어진 기원전 46년 때부터 이 사실을 알고 있었지만 0.008일은 11분 14초라는 짧은 시간이기 때문에 그냥 무시하기로 했습니다. 하지만 1582년이 되자 11분 14초가 모여 10일 정도가 되었습니다.

그러다 보니 부활절을 춘분이 지나고 뜨는 보름달 이후 첫 일요일로 정해 뒀는데, 실제 천문 현상과 달력의 날짜 사이에 차이가 생기게 되었습니다. 이렇게 벌어진 10일을 보정하기 위해 교황 그레고리우스 13세가 달력을 바꾸기로 한 것입니다. 이때 나온 새 달력이 바로 '그레고리력'입니다.

그리고 시간이 흘러 유럽에서 일어난 산업혁명 이후 경제 권력이

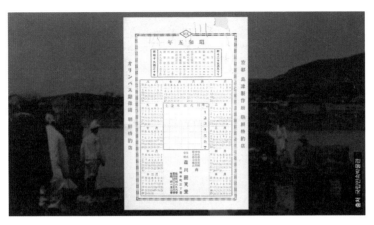

아라비아 숫자가 사용된 근대식 달력

유럽에 집중되었습니다. 경제 권력을 가진 유럽이 쓰는 달력을 쓰지 않으면 경쟁에 불리하기 때문에 모두 그레고리력을 사용하게 되었습니다. 그렇게 오늘날까지도 전세계에서 그레고리력을 사용하고 있는 것입니다.

조선도 갑오개혁 이듬해인 1895년에 그레고리력을 채택했습니다. 이때부터 우리나라에도 오늘날 같은 요일 개념이 생겼습니다. 일제 강점기였던 1930년대부터는 아라비아 숫자가 월별로 나온 근대식 달력이 본격적으로 보급됐습니다. 이 달력은 지금 쓰는 달력처럼 일요일이 빨간색으로 표시되어 있었습니다. 이때 우리나라 인쇄기술에도 많은 변화가 있었습니다.

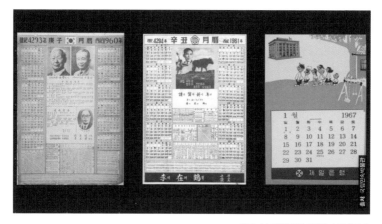

인쇄 기술이 발달하며 달력이 흔해졌다.

🎙️ 한국인쇄학회 회장 오성상: 일제강점기에 일본은 우리나라 인쇄기를 거의 다 통제하다시피 했습니다. 일본은 자신들의 사상을 전하기 위해서 좋은 인쇄 기기를 우리나라에 가지고 들어왔습니다.

광복 후, 인쇄 회사들이 급격히 늘어나며 주로 공공기관이 주도하던 인쇄가 공공기관과 시장이 함께 주도하는 형태로 바뀌었습니다. 인쇄 기술이 발달하고 용지 기술이 발달하자 달력의 가격이 많이 내려갔고 그렇게 일반 시민들한테 달력이 보급되었습니다. 이렇게 달력이 아주 일상적인 물건이 되면서 '빨간 날'이란 말 우리 입에 오르기 시작한 것으로 보입니다.

🎙️ 한국인쇄학회 회장 오성상: 우리는 달력을 보면서 계획을 세웁니다. 이미 사람들 인식에는 달력에 있는 빨간 날은 휴일이고 힐링하는 날로 인식되어 있습니다. 달력이 인간에게 주는 메시지가 굉장히 크다고 생각합니다.

우리에게 빨간 날은 정말 소중한 날입니다. 소중하고 중요한 만큼 눈에 띄고 신성한 색으로 강조했던 빨간 날. 달력에서 빨간 날이 더 늘었으면 하는 것이 작은 바람입니다.

영상으로 알아보기 ▶

헷갈리는 마트 휴무일, 어떻게 쉽게 알 수 있을까?

첫 번째 목요일이 포함된 주가 한 해의 첫 주다.

마트는 둘째, 넷째 주 일요일에 쉰다고 알고 있는데, 도대체 둘째, 넷째 주 일요일은 언제 일까요? 이를 알기 위해서는 매달의 첫 주를 알아야 합니다. 그런데 매달의 첫 주를 정하는 기준은 없습니다.

정확하게는 일 년의 첫 주, 그러니까 1월의 첫 주를 정하는 기준만 있습니다. 날짜에 대한 국제 표준인 'ISO8601'에서는 첫 번째 목요일이 포함된 주를 일 년의 첫 주로 보고 있습니다.

예를 들어 2022년 1월은 목요일이 6일이기 때문에 1일 토요일은 첫 주가 아니고 달력의 다음 줄에 있는 주가 첫 주가 됩니다. 게다가 이 표준에서는 월요일을 한 주의 시작이라고 명시하고 있습니다. 그러니까 표준에 따르면 2022년 1월의 둘째 주, 넷째 주 일요일은 16일, 30일이 되는 셈입니다.

하지만 첫 주를 정하는 기준은 1월에만 해당할 뿐 다른 달은 기준이 따로 없습니다. 그래서 마트들은 헷갈리지 않게 둘째 주, 넷째 주가 아니라 두 번째, 네 번째 무슨 요일이라고 휴무일을 정합니다.

하루는 왜
24시간일까?

2

우리는 0시부터 24시까지 하루를 24시간으로 나눕니다. 그래서 시계는 보통 숫자 12까지를 두 바퀴 돌아 24시간을 나타냅니다. 다른 방식으로 하루를 나눈 시계가 없지는 않았습니다. 1793년 10월, 프랑스 혁명기에 17개월 정도 쓰였던 시계는 하루를 10시간으로 나눴습니다. 그때는 100초가 1분, 100분이 1시간이었습니다. 이 시계는 1793년 10월 5일 법령 발표부터 사용되어 1795년 4월 7일 의무 사용이 중단되었습니다.

이런 예외를 제외하면, 아주·예전부터 사람들은 하루를 24시간으로 표현했습니다. 10시간도, 20시간도 아니고, 하루는 왜 하필 '24시간'일까요? 왜 24로 시간을 헤아리는지에 대한 정확한 이유를 찾기는 굉장히 어려웠습니다. 먼저, 역사를 살펴 지금과 가장 비슷한 24시간제를 쓴 게 언제부터인지를 알아봤습니다.

🎙 한국천문연구원 고천문연구센터 책임연구원 양홍진: 24시간제를 가장 먼저 사용한, 우리가 확인할 수 있는 사례는 이집트입니다. 아마 이집트 이전에도 사용했겠지만 언제부터 썼는지 정확히 알 수는 없습니다.

기원전 1500년 고대 이집트에서 쓰인 해시계는 낮 시간이 12개로 나뉘어 있었습니다. 동시에 사람들은 밤 시간도 별을 기준으로 12개로 나누었습니다. 이렇게 낮과 밤을 합쳐 하루를 24시간으로 한 제도는 이집트에서 로마로, 로마에서 다른 유럽 지역으로 전해졌습니다.

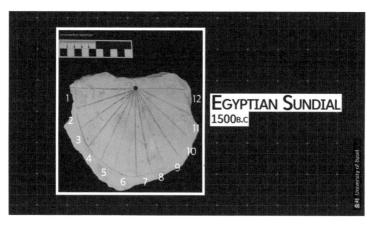

기원전 1500년, 고대 이집트의 해시계

동양에서도 하루를 24의 절반인 12로 나누어 썼다는 흔적이 있습니다.

🎤 한국천문연구원 고천문연구센터 책임연구원 양홍진: 12라는 숫자는 아마도 삼국시대부터, 혹은 그 이전부터 사용했을 수도 있습니다. 동양에서는 12간지를 써서 시간을 12시로 나누었습니다.

앙부일구를 보면 조선시대에도 하루를 12로 나눴다는 것을 알 수 있습니다. 하지만 서양처럼 본격적으로 하루를 24시간으로 나눈 것은 1896년, 조선 고종 때입니다. 조선의 주권을 빼앗은 일본이 전통적으로 사용하던 12시 제도를 없애고 서양의 24시간 제도를 들여왔습니다.

앙부일구도 시간을 12간지로 나눠 표현했다.

그런데, 과거의 24시간은 지금의 24시간과는 달랐을 것입니다. 이 때도 기계식 시계를 썼지만, 해가 뜨고 지는 자연현상을 시간의 기준으로 삼았기 때문에 오차가 생길 수밖에 없었죠.

🎙 한국표준과학연구원 시간센터장 허명선: 1967년에 더 이상 해가 뜨고 지는 것이나 사계절의 변화를 이용하지 않고 원자를 기반으로 시간을 정의하기로 했습니다. 그래서 세슘이라는 특정한 원자를 이용해서 1초의 단위를 정했습니다. 그 1초가 60개 모이면 1분이 되고, 그게 또 60개 모이면 1시간이 되고, 그게 24개 모이면 24시간이 되는 거죠.

그렇게 하루는 '24시간'이 됐습니다. 하루를 24시간으로 정한 것입니다. 사실 인간이 나타나기 이전의 역사로 돌아가면, 하루의 길이가 24시간이 아닌 때도 있었습니다.

🎙 독일 막스플랑크연구소 연구원 주디스 클랏: 실제로 달이 처음 만들어졌을 때의 하루는 매우 짧았을지도 모릅니다. 정확히 몇 시간이었는지는 확실하지 않지만, 6시간조차도 되지 않았을 것이라고 추측합니다. 지구의 하루가 길어지게 된 원리는 밀물과 썰물에 의한 '마찰력'입니다. 해안가에서 일어나는 조석 현상이죠.

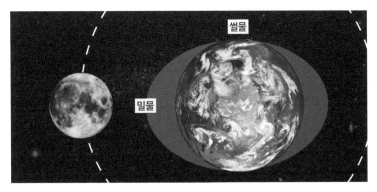

달로 인하여 밀물과 썰물이 생긴다.

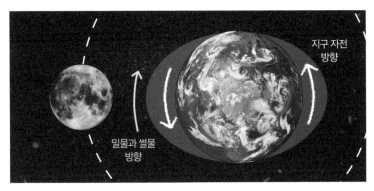

지구의 자전과 반대 방향으로 밀물과 썰물이 생긴다.

밀물과 썰물은 지구와 달이 서로 잡아당기는 인력 때문에 생깁니다. 지구가 흰색 화살표 방향으로 자전하기 때문에 밀물은 달의 위치보다 좀 더 앞에 생기게 되고 그런 밀물을 달이 노란색 화살표 방향으로 끌어당깁니다. 달이 밀물을 끌어당기는 방향이 지구 자전 방향과 반대이기 때문에 물에 의해 마찰력이 발생하면서 지구의 자전 속도가 느려지는 것입니다. 그렇게 느려진 지구는 20억 년 전쯤에는 21

시간에 한 바퀴를 돌았고 7억 년 전쯤에는 더 느려져 지금처럼 약 24시간에 한 바퀴씩 돌게 되었습니다.

사실 하루의 길이는 지금도 변하고 있습니다. 우리나라에서 유일하게 지구 자전 시간을 측정하는 곳을 찾아 설명을 들어 보았습니다.

🎙 **국토지리정보원 우주측지관측센터 연구사 이상오:** 지구의 자전 속도가 점점 느려지는 현상을 보여서 지구의 시간을 관리하는 기구에서는 1973년부터 지금까지 1초를 25번 더했습니다. 그러니까 총 25초가 더해진 상황입니다. 그런데 2020년 6월부터 지구의 자전 속도가 더 빠르게 변하고 있다는 관측 결과가 나왔습니다.

결국, 달의 영향으로 지구의 하루가 24시간이 됐지만 몇억 년 후에는 하루가 몇 시간일지 아무도 모릅니다.

◀ 영상으로 알아보기

밤 12시에는 왜 계좌이체가 안 될까?

12시에는 계좌이체를 할 수 없다.

밤 12시에 은행이 정산 시간을 가지기 때문입니다. 은행에서 일어나는 수많은 거래는 매 순간마다 실제로 돈을 옮기지는 않습니다. 은행은 하루 동안 일어났던 거래들을 기록해 두었다가, 정해둔 시간에 한꺼번에 돈을 주고받아서 돈이 불필요하게 자주 움직이지 않도록 합니다.

은행들이 서로 약속한 정산 시간이 바로 11시 55분부터 12시 5분까지입니다. 이 시간에 모든 은행들은 잠시 시스템을 멈추고 10분 동안 정산을 진행합니다. 혹시나 정산하고 있는 도중에 계좌이체를 하면 오류가 발생할 수도 있으니 아예 시스템을 멈추는 것입니다.

이 시간에 체크카드를 쓸 수 없는 이유도 똑같습니다. 체크카드는 결제와 동시에 계좌에서 돈이 빠져나가기 때문에 은행이 정산 중에 계좌에서 돈이 출금되는 것을 시스템적으로 금지했다면 체크카드 결제도 불가능합니다.

굳이 자정을 정산 시간으로 정한 이유는 바로 이자 때문입니다. 은행에 있는 돈은 모두 이자의 영향을 받습니다. 예금이든 대출이든 매일 일정 비율의 이자가 발생합니다. 이러한 이자는 하루가 지나는 자정을 기준으로 계산합니다. 자정에 발생하는 이자에 오류가 생기지 않도록 자정을 낀 10분 내외를 정산 시간으로 정한 것입니다.

롯데월드타워, 과연
어디에서까지 보일까?

3

현재 우리나라에서 가장 높은 건물은 서울 잠실에 있는 롯데월드타워입니다. 롯데월드타워는 어지간한 거리에서는 잠실이 어디인지 금방 찾을 수 있을 정도로 선명하게 보입니다. 소탐대실 회사가 있는 상암동에서도 롯데월드타워를 볼 수 있습니다. 상암동에서 롯데월드타워까지의 거리는 약 20킬로미터 정도입니다. 타워가 아무리 높다지만 이 먼 거리에서도 보인다는 게 신기해서 한번 알아보기로 했습니다. 롯데월드타워, 과연 어디에서까지 보일까요?

먼저, 소탐대실 유튜브 구독자들에게 롯데월드타워 목격담을 제보받았습니다. 생각보다 다양한 곳에서 롯데월드타워를 보았다는 이야기가 들어왔습니다. 제보받은 곳으로 찾아가 검증해 보기 전에 다

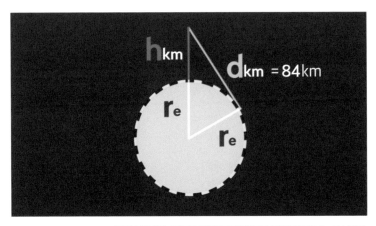

지구의 곡률과 롯데타워를 이용하여 가시거리를 계산한 결과 84km가 나왔다.

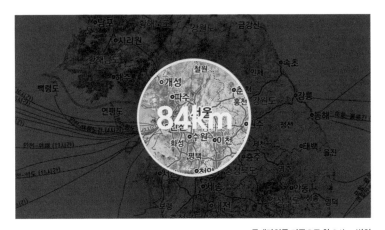

롯데타워를 기준으로 한 84km 범위

짜고짜 아무 곳이나 갈 수는 없어서 단순 계산으로 나름의 기준선을
그었습니다. 지형지물이나 대기 환경, 날씨 등 다른 요인은 생각하지
않고 타워의 높이, 그리고 지구의 곡률을 반영해서 가시거리를 계산

해 보았습니다. 계산(3.57 × √555)을 통해 나온 거리인 반경 84킬로미터를 기준으로 삼고 이 반경 안에 있는 장소 중에 먼 곳들을 가보기로 했습니다.

먼저 상암동에서 더 서쪽으로 가서 확인해 보기로 했습니다. 인천공항이 있는 영종도 바로 아래에 무의도가 있는데, 이 섬에 있는 호룡곡산에서 타워를 봤다는 제보가 있어 호룡곡산 정상까지 올라가는 동안 서울 방향을 계속 살펴봤습니다. 그런데 남산타워나 여의도는 보이지만 롯데월드타워는 보이지 않았습니다. 산에서 내려와 주민분들께 물어봤습니다.

🎙 소탐대실: 사장님, 여기 무의도에서 롯데월드타워가 보이는 곳이 있어요?

주민: 롯데월드타워요? 여기서는 보이진 않는데….

소탐대실: 아 그래요?

주민: 여기서 영종도는 보이고.

소탐대실: 네, 어떤 분이 호룡곡산에서 롯데월드타워를 봤다고 해서 저희가 갔다 오는 길인데 하나도 안 보여서요.

주민: 호룡곡산은 제가 한 2년 전에 가고 안 갔거든요. 보이는지 안 보이는지 모르겠어요.

처음부터 허탕을 친 줄 알았습니다. 하지만 서울로 돌아가자니 등산까지 한 게 억울해서 섬에서 타워가 보일 만한 다른 장소들을 찾아다녔습니다. 섬 입구에 있는 항구를 지나갈 때, 드디어 저 멀리 롯데월드타워를 발견할 수 있었습니다.

그 다음엔 남쪽으로 가 보았습니다. 기준선 안에 있던 제보지 중 가장 먼 곳인 충남 천안입니다. 흑성산 정상 부근에 있는 헬기장은 서울 방향으로 전망이 탁 트인 곳이라 롯데월드타워가 보일 것 같았습니다. 그런데 하필 탐사를 나간 날 공기가 좋지 않아서 타워가 보이지 않았습니다. 타워의 조명이 켜지면 좀 더 잘 보일 것 같아서 해가 지기를 기다렸습니다. 그리고 저녁 6시, 타워의 파사드 조명이 켜지는 시각, 천안에서도 그 모습을 볼 수 있었습니다.

그런데 제보 중에 유독 신경 쓰이는 것이 하나 있었습니다.

충남 천안 흑성산에서 본 롯데월드타워

🎙 제보: 단양 봉우등! 날씨 좋은 날 패러글라이딩 하면서 봤습니다.

롯데월드타워에서 충북 단양에 있는 봉우등까지의 거리는 대략 130킬로미터로 처음에 저희가 그었던 기준선을 훌쩍 넘어섭니다. 물론 해발 고도가 높은 곳에 올라간다면 이 기준선보다 더 멀리서도 보이기는 하겠지만, 아무리 그래도 단양은 너무 멀어서 말이 안 된다고 생각했습니다. 그래서 직접 찾아가 보기 전에 단양에 있는 패러글라이딩 업체들에 문의해 봤습니다.

🎙 소탐대실: 단양에서 패러글라이딩을 할 때 잠실 롯데월드타워를 봤다는 제보를 받아서요.

패러글라이딩 업체1: 아, 그렇진 않습니다.

패러글라이딩 업체2: 단양에서 패러글라이딩을 하면서 롯데월드 타워를 봤대요? 99%는 안 보인다고 합니다. 상공으로 높이 올라 갔을 때는 1%의 가능성이 있는데, 시력이 3.0은 돼야 가능하다 고 할 겁니다.

대부분 업체는 단양에서 타워를 볼 수 없다고 했는데 한 곳에서 이 런 이야기를 들었습니다.

🎙 코리아패러글라이딩 대표 원용묵: 가능은 하죠. 여기서 지금도 가 끔가다 용평이나 횡성, 태기산까진 보입니다.

마침 이 업체 위치도 제보가 들어왔던 봉우등에서 1킬로미터 정도 떨어진 가까운 곳에 있었습니다. 그래서 이곳에서 직접 패러글라이 딩을 해봤습니다. 하지만 패러글라이딩을 하는 10분 동안 롯데월드 타워는 어디서도 보이지 않았습니다. 뭐가 문제였던 걸까요?

🎙 코리아패러글라이딩 대표 원용묵: 롯데월드타워의 높이가 500미터 조금 넘는 것으로 알고 있습니다. 단양에서 롯데월드타워까지 120킬 로미터 거리 중간중간에 높은 산들이 있는데, 그 높은 산보다 더 높 이 올라가서 중간에 시야가 가려지지 않게 해야 합니다. 1,500미터 정도 올라가면 중간에 방해되는 산이 없을 것 같습니다.

이날 저희의 비행 고도는 높아야 700미터 정도였습니다. 바로 1,500미터까지 올라가 패러글라이딩을 하고 싶었지만 1,500미터는 아무 때나 올라갈 수 있는 게 아니라고 합니다.

🎤 **코리아패러글라이딩 대표 원용묵**: 높이 올라가기 위해서는 상승 기류를 만나야 합니다. 상승 기류는 햇빛도 길고 따뜻한 봄에 많이 활성화됩니다. 그리고 대기 중에 먼지도 없고 깨끗하면 가시거리가 80~120킬로미터 정도 나올 수 있는 날이 가끔 있습니다. 동풍이 불면 보통 하늘이 맑고 깨끗합니다. 이 두 가지 조건이 충족돼야 1,500미터까지 올라갈 수 있는데, 1년 중에 5일 정도의 찬스가 있을 것같습니다.

그렇다면 이론적으로 우리가 롯데월드타워를 볼 수 있는 가장 먼 곳은 어디일까요? 한국교원대 지리학과 교수님의 도움을 받아 지형 데이터로 시뮬레이션해 보았습니다.

🎤 **한국교원대 지리교육과 교수 김영훈**: 롯데월드타워를 가장 멀리서 볼 수 있는 곳은 약 140여 킬로미터에 있는 솔봉 정상에 가서 한번 시도해 보시는 것이 어떨까 싶습니다. 제가 볼 때는 평소에는 보기 어려울 것 같습니다.

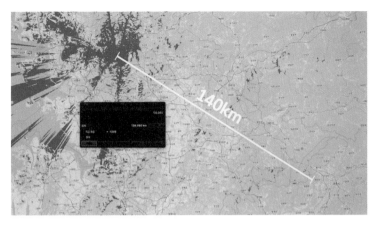

지형 데이터 시뮬레이션 결과

　물론 지형 데이터인 해발 고도 값만 가지고 실험을 한 것이고 실제로는 건물이 시야를 차단할 수 있기 때문에 더 짧은 거리가 나올 수밖에 없습니다.

영상으로 알아보기 ▶

아파트에서 종종 보이는 구멍은 대체 뭘까?

한강변 아파트에서 볼 수 있는 구멍

이 구멍의 정체는 몸을 숨긴 상태에서 총을 쏘기 위해 뚫어 놓은 '총안'입니다. 용도가 용도이니만큼 성벽 같은 군사 시설에서 쉽게 발견할 수 있습니다. 그런데 뜬금없이 왜 아파트에 있을까요?

모든 아파트에 총안이 있는 것은 아닙니다. 1970년대 한강 이남에 지어진 몇몇 아파트에서만 총안을 찾아볼 수 있습니다. 당시 정부는 '서울 요새화' 전략을 추진하며 북한과의 전쟁을 대비해 유사시 서울 곳곳을 군사시설로 대체할 수 있도록 했습니다. 그 예로 남산터널은 방공호로, 북악스카이웨이는 군용 도로로 활용하고자 했습니다. 아파트에 있는 이 총안도 서울 요새화 전략의 일환으로 생긴 것입니다.

총안

서울에 무인도가 있다?

밤섬

서울의 무인도, 밤섬

한강 가운데에 무인도가 있다는 사실을 알고 있나요? 이 무인도의 이름은 '밤섬'입니다. 밤섬이 처음부터 무인도는 아니었습니다. 60년대에는 400여 명의 주민이 살고 있었습니다. 밤섬의 주민들은 대부분 고기잡이, 약초 재배, 배 만들기 등을 하면서 생계를 꾸렸습니다.

그런데 1968년, 서울시가 여의도를 개발하기 위해 주민들을 이주시키고 밤섬을 폭파시켰습니다. 폭파 후에 나온 골재는 여의도 공사에 사용되었습니다. 이때 밤섬은 약간의 흔적만 남긴 채 사라진 섬이 되었습니다.

하지만 지금 밤섬은 폭파 이전보다 6배나 더 커진 상태입니다. 강의 흐름에 따라 모래와 흙이 퇴적되면서 섬의 면적이 계속 커졌습니다. 사방이 한강뷰인 이 금싸라기 땅에 왜 사람이 다시 살지 않는 걸까요?

바로, 약 50종의 철새가 이곳에 살기 때문입니다. 밤섬이 회복된 뒤에 버드나무나 갈대 같은 식물들이 자라면서 밤섬은 철새 도래지가 되었습니다. 서울시는 밤섬의 자연환경을 보호하기 위해서 시민들의 출입을 통제하고 있습니다.

2012년에는 밤섬이 람사르 습지로 지정되기도 했습니다. 람사르 습지는 희귀 동식물이 살거나, 알맞은 생물지리학적 특징을 가지고 있어야 하는 등 국제적으로 그 보전가치가 높아야 지정될 수 있습니다.

람사르 습지로 지정된 밤섬

비행기는 금연 구역인데
왜 재떨이가 있을까?

4

비행기에서 담배를 피우면 안 된다는 것은 모두가 아는 상식입니다. 비행기가 출발하면 기내 흡연 금지 경고등이 들어오기 때문에 비행기를 타게 된다면 기내에서는 금연이라는 사실을 모를 수가 없습니다. 그런데 이상하게도 금연 구역인 비행기의 화장실 문에는 재떨이가 있습니다. 담배는 피우지 말라면서 왜 재떨이는 있을까요?

놀랍게도 비행기는 원래 흡연이 가능한 공간이었습니다. 90년대 후반까지만 해도 객실에서 담배를 피우는 승객들이 있었습니다.

🎙 대한항공 수석기장 김동현: 1994년, 제가 입사할 당시만 해도 기내 흡연이 정책적으로 허용되던 시기였습니다. 그래서 티켓을 예약

할 때부터 흡연자, 비흡연자를 구분하여 받았습니다. 이때는 좌석 옆 팔걸이에도 재떨이가 있었습니다.

그럼 이 재떨이는 기내 흡연이 가능했던 시절에 설치된 유물인 걸까요? 아닙니다. 비행기에서 흡연이 금지된 이후에 제작된 비행기의 화장실을 살펴봐도 재떨이를 발견할 수 있었습니다.

결론부터 말하자면, 지금도 비행기에 재떨이가 있는 이유는 미국 연방항공청의 규정 때문입니다. 우리나라 비행기가 미국의 규정을 따르는 이유는 왜일까요?

🎙 한국항공대 항공교통물류학부 교수 황호원: 미국은 미국으로 취항하는 항공기에게 미국 규정을 따르기를 요구하고 있습니다. 그래서

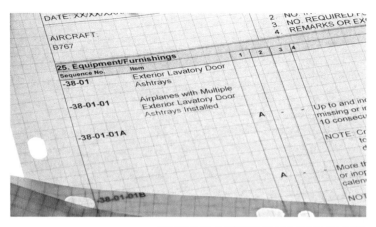

미국 연방항공청 규정에 따르면 항공기에 재떨이가 필수적이다.

제작사도 항공기 화장실 문 앞뒤나 화장실 안에 재떨이를 설치하고 있습니다.

어차피 기내에서는 금연인데 이렇게 재떨이에 신경 쓰는 이유는 무엇일까요? 1973년, 브라질에서 프랑스로 가던 한 여객기에서 그 이유를 찾아볼 수 있었습니다.

평화롭게 프랑스로 향하던 비행기에서 기내식 서비스가 끝날 때쯤, 한 승객이 승무원을 불렀습니다. 화장실에서 연기가 난다는 승객의 말에 승무원들은 화장실로 달려갔습니다. 승무원들이 급히 소화기를 분사했지만 소화기 2통을 다 쓰도록 연기가 멈추지 않았습니다. 위급한 상황에 기장은 회항을 시도했지만 조종실 문 밑으로도 연기가 들어오기 시작해 계기판도 창밖도 보이지 않는 상황이 되었습

니다. 기장은 관제사의 레이더 유도에만 의존해 활주로를 찾아 착륙하려 노력했지만 실패했습니다. 이 비행기는 결국 활주로를 찾지 못하고 공항 인근 양파 밭에 추락했습니다.

이 사고로 목숨을 잃은 사람은 123명. 당시 수사 당국은 화장실 쓰레기통에 버려진 담배꽁초에서 화재가 시작된 것으로 결론을 내렸습니다. 이 사건을 계기로 미국 연방항공청은 여객기 화장실에 금연 경고문을 붙이고, 재떨이를 설치하는 규정을 만들었습니다.

그런데 이상한 사실은 이런 사건이 일어난 후에도 기내 흡연이 여전히 허용됐다는 것입니다. 흡연으로 인한 화재 사고가 몇 번 더 일어났지만 승객들은 여전히 객실에서 담배를 피웠습니다.

🎙️ 대한항공 수석기장 김동현: 80년대까지만 해도 금연보다는 흡연에 대한 요구가 더 많았던 시대입니다. 영업 이익을 생각한 항공사 측에서는 기내 흡연을 허용할 수밖에 없었습니다.

또, 당시 담배 회사들은 정치권을 상대로 로비를 해서 기내 금연 정책을 막기도 했습니다. 그런데 1980년대 중반부터 이야기가 달라집니다. 흡연의 위험성과 관련된 이슈들이 제기되기 시작하며 금연을 권장하는 사회 분위기가 퍼지기 시작했습니다. 승객들이 금연을 선호하자 항공사들이 이에 맞춰 금연 정책을 내놓았습니다.

그렇게 1995년, 우리나라의 한 항공사가 세계 최초로 전 노선 금연 정책을 실시했습니다. 2000년대에 들어서면서 대부분의 나라가 기내 금연 정책을 내놓았고 담배 연기는 비행기에서 사라지게 되었습니다.

하지만 여전히 미국 연방항공청 규정에는 재떨이 설치 의무 조항이 있습니다. 기내에서는 금연이 원칙이지만 혹시나 담배를 피운 사람이 담배꽁초를 함부로 버리면 화재의 위험이 있기 때문입니다. 비행기의 재떨이는 담배를 피우라고 있는 것이 아니라 흡연 때문에 일어날 수 있는 화재를 대비한 것입니다.

🎙️ 대한항공 수석기장 김동현: 기내에서 흡연은 법으로 엄격히 금지되어 있습니다. 기내 흡연으로 그만큼 희생자가 많이 생겼기 때문입

니다. 법이 생기게 된 취지에 공감한다면 법이 없어도 사회가 질서 있게 돌아갈 수 있을 것입니다.

 ◀ 영상으로 알아보기

비행기가 이착륙할 때
왜 창문 덮개를 열라고 할까?

위험한 11분을 대비하기 위해 창문을 열어야 한다.

비행 업계에는 '위험한 11분'이라는 말이 있습니다. 이륙 후 3분, 그리고 착륙 전 8분에 가장 항공기 사고가 일어날 가능성이 크기 때문에 생긴 말입니다. 이때 비상 상황이 발생한다면 조금이라도 빨리 승무원들이 바깥 상황을 파악할 수 있도록 창문 덮개를 열어두는 것입니다. 그리고 승객도 창문을 통해 보이는 엔진과 날개를 통해 비상 상황을 확인하고 알릴 수 있습니다.

또, 창문 덮개를 닫은 상태로 비상 착륙을 한다면 기체 충격 때문에 덮개를 열기 어려울 수 있어서 이를 미연에 방지하고자 하는 것도 있습니다.

이착륙할 때 좌석 등받이를 세우고 테이블을 집어 넣으라고 하는 것도 비상 상황을 대비하기 위해서입니다. 좌석 등받이나 테이블이 탈출 시 장애물이 될 수 있기 때문에 이를 모두 제자리에 놓도록 하는 것입니다.

8,000원짜리 민소매 옷도 드라이클리닝해야 할까?

5

티셔츠 안에 입을 편한 민소매 옷을 온라인 쇼핑몰에서 찾아 결제하려는데 '드라이클리닝 권장'이라는 문구가 눈에 들어옵니다. 8,000원짜리 민소매 옷을 드라이클리닝 하는 데 드는 비용은 3,000원 정도입니다. 세 번 드라이클리닝 해서 입을 바에는 한 벌을 더 사는 것이 저렴할 지경입니다. 꼭 드라이클리닝 해서 입어야 할까요?

🎙 소탐대실: 사장님, 이 민소매 옷 드라이클리닝 해야 돼요?

　　세탁소: 아니요, 빨아도 돼요. 거의 순면 100%거든요.

7,500원을 주고 산 면 95% 민소매 옷을 직접 세탁해서 실험해 보

았습니다. 민소매 옷을 2개 사서 하나는 물빨래를 하고 하나는 드라이클리닝을 했습니다. 그 결과, 겉보기에 큰 차이가 없어 보였고 만져 보니 질감도 크게 달라지지 않았습니다.

조금 더 전문적인 분석을 위해 같은 옷을 한국의류시험연구원에 맡겨 세탁 시험을 했습니다. 마찬가지로 하나는 물빨래 시험을, 하나는 드라이클리닝 시험을 거쳤습니다. 물빨래한 민소매 옷의 섬유 치수 변화율은 최대 3%였고 둘레와 길이가 1~2센티미터 정도 줄어들었습니다. 드라이클리닝한 민소매 옷은 섬유 치수 변화율이 최대 1.8%였고 길이가 1센티미터 정도 줄어들었습니다.

조금이지만 물빨래한 민소매 옷의 변화가 더 큰 것은 면 섬유의 특성 때문입니다. 면과 같은 셀룰로오스계 섬유는 물과 결합할 수 있는

처음 길이(cm)	1회 세탁 후(cm)	치수 변화율(%)
45.3	44.0	-3.0
71.6	69.8	-2.5
67.8	65.8	-3.0

물빨래 시험 결과

처음 길이(cm)	1회 세탁 후(cm)	치수 변화율(%)
45.5	44.7	-1.8
72.0	71.0	-1.4
66.8	66.2	-0.9

드라이클리닝 시험 결과

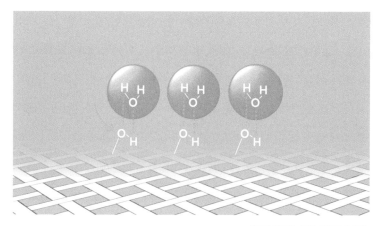

섬유의 OH기는 물과 결합할 수 있다.

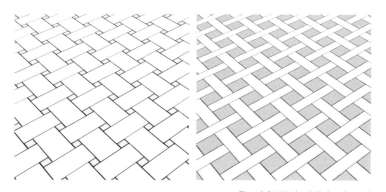

물로 인해 부푼 섬유와 줄어든 섬유 표면

'하이드록시기-OH기'를 갖고 있습니다. 물빨래하는 동안 섬유가 물과
결합하기 때문에 섬유가 부풀었다가 줄어들며 치수가 조금 변할 수
있습니다.

하지만 어떤 세탁법을 사용하든 옷의 수축률이 3% 정도면 그 세탁
법을 써도 괜찮습니다. 의류의 세탁법을 시험하는 기관에서도 치수

변화율이 3% 안이라면 세탁법에 문제가 없다고 판단합니다.

🎙️ 의류 시험 업체 인터텍 이사 정혜진: 직물은 치수 변화율이 3% 내외일 경우 물세탁해도 괜찮다고 봅니다. 편성물은 치수변화율 5% 내외를 물세탁해도 괜찮은 기준으로 보고 있습니다.

🎙️ 한국섬유소재개발연구원 의류소재연구본부장 박성우: 면과 마같은 식물성 섬유나 합성 섬유는 물세탁해도 괜찮습니다. 면으로 만들었는데도 드라이클리닝하라고 하는 제품은 세탁했을 때 뒤틀림이 생길 수 있는 제품입니다. 예를 들어 직물의 조직이 느슨하거나 여러 색의 실로 무늬로 만든 자카드 조직은 드라이클리닝을 해야 합니다. 마찰로 생기는 수축에 의해 변형이 일어날 수 있기 때문입니다. 하지만 드라이클리닝이 모든 면에서 세탁력이 우수한 것은 아닙니다.

그런데 어떤 옷은 느슨한 조직도 아니고 무늬도 없는데 드라이클리닝을 하라고 쓰여 있기도 합니다. 왜 그런지 의류업 관계자에게 물어봤습니다.

🎙️ 의류 브랜드 대표 A: 케어 라벨은 각 제품들을 따로 시험해서 적은 것은 아닙니다. 대부분 책임 소재를 피하기 위해 더 안전한 세탁법을 쓰지 않나 싶습니다.

구분	마크	절차
안전인증대상	KC	제품시험 + 공장심사 → 인증 → 판매
안전확인대상	KC	제품시험 → 신고 → 판매
공급자적합성 확인대상	KC	제품시험 → 판매
안전기준준수대상 생활용품	없음	제품시험 의무 없음 → 판매

위해도가 낮은 제품은 안전성 검증 없이 사업자가 케어 라벨을 만들 수 있다.

🎤 의류 브랜드 대표 B: 의류의 세탁 시험은 필수가 아닙니다. 인류는 오랜 기간 옷을 입어왔고, 케어 라벨을 달기 시작한 것도 백 년이 되어갑니다. 기본적인 소재들은 충분히 지식이 쌓여 있기 때문에 시험을 하지 않고 라벨을 달고 있습니다.

케어 라벨이라고도 부르는 세탁 방법이 적힌 표시의 공식 이름은 '취급상 주의사항'입니다. 의류는 '전기용품 및 생활용품 안전관리법'에 따라 생활용품 중에서 사고나 위해가 생길 가능성이 가장 낮은 제품으로 분류됩니다.

위해도가 낮은 제품들은 안전성 검증을 위한 제품 시험이나 KC인증 마크 없이도 사업자가 만들어 팔 수 있습니다. 섬유 제품은 취급상 주의사항을 표기할 것, 4종류 이상의 세탁 표시를 할 것, 국가 표

직접 만든 케어 라벨

준에 따른 기호로 표시할 것, 이 세 가지만 필수로 지키면 이렇게 원하는 대로 케어 라벨을 찍어서 옷에 붙일 수 있습니다.

예를 들어 폴리에스터는 물세탁이 가능한 소재이지만, 드라이클리닝을 하라는 문구를 적어 넣을 수 있습니다. 별다른 시험이나 인증 절차 없이 케어 라벨을 붙여 옷을 판매하는 것이 가능하기 때문에, 옷을 만들어 파는 업체 입장에서는 소비자의 클레임을 적게 받기 위해 가장 보수적인 세탁법을 제시하는 것입니다.

한국소비자연맹 의류심의위원회는 케어 라벨에 드라이클리닝 권장 표시가 과하진 않은지 직접 조사해 보기도 했습니다. 물세탁이 가능한 면, 폴리에스테르, 마 등의 소재를 살펴본 결과, 17.6~34.5%가 물세탁이 가능한데도 '드라이클리닝만 하라'고 적어둔 것을 발견했습니다.

🎙 의류 시험 업체 인터텍 이사 정혜진: 무조건 드라이클리닝이나 손세탁만 선호하는 브랜드도 있습니다. 하지만 이는 소비자의 편리성을 떨어뜨립니다.

소비자가 이걸 세탁소에 들고 가야 할지 말아야 할지 고민하지 않게 앞으로는 의류 업체에서 케어 라벨을 잘 붙여 줬으면 좋겠습니다.

 ◀ 영상으로 알아보기

의사 가운은 왜 흰색일까?

의사 가운이 처음부터 흰색은 아니었습니다. 사실주의 화가 토마스 에이킨스가 1875년에 그린 작품 〈그로스 클리닉〉을 보면 의사들이 검은색 옷을 입고 수술을 하는 것을 볼 수 있습니다. 당시엔 성직자나 의사처럼 주요 직책을 맡은 사람들이 주로 검은색 옷을 입었습니다.

그런데 불과 14년 뒤인 1889년, 같은 화가가 그린 다른 그림에서는 의사와 간호사가 흰옷을 입고 있는 것을 볼 수 있습니다. 그 사이에 세균학에 대한 연구가 활발해지

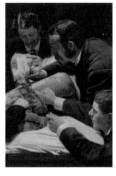

토마스 에이킨스,
〈그로스 클리닉〉 중 일부, 1875

고 세균 감염에 대한 인식이 높아지면서 청결의 중요성을 알게 되었습니다. 그래서 오염을 잘 확인할 수 있는 흰색으로 의사의 가운이 바뀐 것입니다.

토마스 에이킨스, 〈에그뉴 박사의 임상강의〉 중 일부, 1889

사실, 요즘 의사들은 흰색 가운 말고도 노란색이나 분홍색이 옅게 들어간 옷을 입기도 합니다. 흰 가운을 보면 혈압이 오르는 '흰 가운 증후군'이란 말도 있을 정도로 흰 가운에 불안감을 느끼는 사람들이 있기 때문입니다. 그래서 특히 소아과나 정신과에서는 환자들에게 불안감을 심어줄 수 있는 흰 가운을 더 꺼리는 경향이 있습니다.

그리고 요즘은 오히려 가운을 안 입는 곳들도 있습니다. 미국 메릴랜드의대에서 의료진 149명의 가운을 검사했는데 그중 34개에서 병원균이 검출됐다고 합니다. 감염을 일으킬 수도 있는 세균이 가운의 소매 끝이나 옷자락에 묻어 있었습니다. 그래서 요즘은 짧은 소매의 유니폼을 입는 경우도 많아졌습니다.

수건은 왜 자연 건조하면 딱딱해질까?

6

빨래를 한 뒤 건조기에 돌리면 수건이 부드럽고 복슬복슬하게 마릅니다. 그런데 빨래 건조대에 널어서 말리면 언 것처럼 딱딱하게 굳습니다. 같은 수건인데 왜 자연 건조하면 벽돌처럼 딱딱해질까요?

두 수건이 다르다고 느끼는 것이 착각이 아닌지 확인하기 위해 수건의 부드러움을 숫자로 볼 수 있는 방법을 찾았습니다.

🎙️ 이화여대 의류산업학과 교수 윤창상: 섬유의 부드러움을 측정하는 기기를 TSA Textile Softness Analyze 라고 합니다. 기기에 있는 날개가 돌아가면서 옷감과 부딪힐 때, 부드러운 옷감이라면 작은 소리가 나고 딱딱한 옷감이라면 큰 소리가 날 것입니다. 그 소리를 통해서 부드러움을

측정할 수 있습니다.

　기계는 우리 귀로는 알 수 없는 차이를 분석할 수 있습니다. TSA로 새 수건과 세탁 후 건조기에 말린 것, 자연 건조한 수건 세 가지의 거친 정도를 비교해 봤습니다.

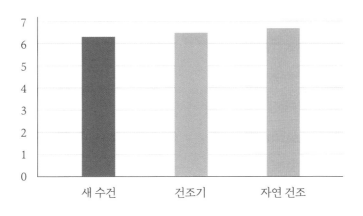

건조 방식에 따른 수건의 거친 정도 비교

　실험 결과 건조기로 말린 수건은 새 수건과 비슷했지만, 자연 건조한 수건은 나머지 두 수건보다 거칠었습니다. 수건을 10번 넘게 세탁해 본 다른 연구에서는 이 결과가 더 뚜렷하게 드러났습니다.

🎙 이화여대 의류산업학과 교수 윤창상: 직물은 일반적으로 평면 구조를 갖고 있는데, 수건은 파일이라는 형태를 가지고 있습니다. 파일

탈수 과정에서 수건의 파일이 한쪽으로 쏠린다.

의 방향성이 달라지면 저항이 더 강해져 딱딱하다고 느낄 수 있습니다. 그리고 빨래를 하는 도중에 뭉침이 발생하기도 해서 더 딱딱하게 느낄 수도 있습니다.

'파일'은 수건에 있는 고리 모양 구조를 뜻합니다. 이 구조가 있으면 수건의 표면적이 넓어져 더 많은 물을 흡수할 수 있습니다. 그런데 파일은 탈수를 하는 동안 원심력을 받아 옆으로 누워 버립니다. 자연 건조를 하면 파일이 눕거나 쏠리며 뭉친 상태로 말라서 수건이 딱딱해지는 것입니다.

이렇게 가느다란 섬유 가닥의 힘이 세면 얼마나 세길래 수건이 딱딱하게 느껴질 정도로 뭉치는 걸까요? 일본의 한 연구에 의하면 자연 건조한 뒤 수건에 남아있는 결합수bound water, 즉 '물'이 수건을 단단하게 만든다고 합니다.

🎙 펜실베이니아주립대 재료과학공학부 교수 김성한: 물 분자들을 버스에 있는 사람들이라고 생각하면 좋을 것 같습니다. 상온에서는 물 분자들이 흔들리면서 서로 손을 잡았다 놨다 하면서 서로 파트너를 바꿉니다. 이것이 액체 상태의 물입니다. 그런데 온도가 내려가면 사람들이 손을 꼭 잡고서 정적으로 변합니다. 이것이 얼음입니다. 수건 표면에 있는 결합수는 버스 안에서 손잡이를 잡고 있는 사람이라고 할 수 있습니다. 상온이지만 흔들리지 않는 얼음처럼 고체의 물성을 가지게 됩니다.

결합수는 물이 어떤 조직과 결합하고 있는 것을 말합니다. 수건에

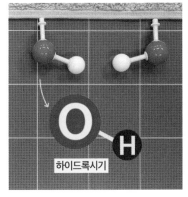 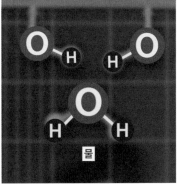

하이드록시기는 물과 쉽게 결합한다.

서 버스 손잡이 역할을 하는 건 산소 하나와 수소 하나로 이루어진 '하이드록시기'입니다. 하이드록시기가 손잡이 역할을 하게 되고, 여기에 달라붙은 물은 분자 운동이 느려져 마치 얼음 같이 딱딱한 결합수가 됩니다.

탈수하는 동안 서로 가까워진 수건의 섬유 사이에 물이 들어가면 모세관 현상 때문에 압력이 생기고, 섬유끼리 잘 떨어지지 않습니다. 모래성을 쌓는 것을 생각하면 이해하기 쉽습니다. 물을 뿌려서 쌓은 모래성은 물이 마른 후에도 모양을 잘 유지합니다. 그 안에 모세관 현상으로 인한 결합수가 있기 때문입니다. 건조기에 돌린 수건이 부드러운 것은 모래성을 툭 치면 쓰러지는 것과 비슷합니다.

🎙 펜실베이니아주립대 재료과학공학부 교수 김성한: 건조기를 사용하면 섬유끼리 부딪히며 결합수가 줄어듭니다. 거기에 섬유 유연제를 넣어주면 계면활성제가 표면에 있는 하이드록시기를 덮어 물과 달라붙는 것을 막습니다.

◀ 영상으로 알아보기

섬유 유연제를 많이 넣으면 더 향긋할까?

섬유 유연제는 많이 넣으면 오히려 안 넣은 것과 다름이 없습니다. 섬유 유연제를 많이 부으면 어떻게 되는지는 피타고라스의 컵을 보면 쉽게 이해할 수 있습니다. '계영배'라고도 부르는 피타고라스의 컵은 물을 조금만 부었을 땐 다른 컵과 다를 것 없이 물이 들어 있지만 욕심을 부려서 많이 부으면 물이 거의 다 빠져나오게 됩니다. 그런데 이 컵 내부 구조는 세탁기의 섬유 유연제 칸에도 들어갑니다. 그래서 욕심을 부려 섬유 유연제를 많이 부었다면 실질적으로 섬유 유연제를 사용하지 않았다고 볼 수 있습니다.

이 현상은 거꾸로 된 U자 모양의 섬유 유연제 관 때문에 생깁니다. 섬유 유연제가 빠져 나가는 구멍이 일자로 뚫려 있다면 섬유 유연제를 넣자마자 세탁조로 전부 들어가게 됩니다. 그렇다고 섬유 유연제가 바로 들어가게 하지 않으려고 관의 높이를 높이면 섬유 유연제를 바닥까지 다 사용할 수 없다는 문제가 생깁니다. 그래서 처음부터 섬유 유연제가 들어가지는 않지만 수위가 높아지면 세탁조로 전부 들어갈 수 있도록 거꾸로 된 U자 모양의 관을 사용하게 되었습니다.

U자로 꺾인 관 때문에 높은 곳의 유체가 이동하는 이 원리를 '사이펀의 원리'라고 합니다. 사이펀의 원리는 세탁기뿐만 아니라 다른 곳에서도 많이 쓰이고 있습니다. 어항에서 물을 빼낼 때나 변기 물을 내릴 때도 이 원리가 쓰입니다.

거꾸로 된 U자 모양의 관 꼭대기까지 액체가 차면 물이 아래로 떨어집니다. 어느 정도 물이 흐르고 관 꼭대기보다 수위가 낮아져도 물의 흐름은 멈추지 않습니다. 물이 멈추지 않고 계속 흐를 수 있게 하는 힘은 바로 '압력'입니다.

액체는 좁은 곳을 지날 때 속도가 빨라지고 압력이 낮아집니다. 이렇게 상대적으로 관보다 컵에 담겨있는 물의 압력이 높아지게 됩니다. 액체는 압력이 높은 곳에서 낮은 곳으로 흘러가기 때문에 컵이나 섬유 유연제 통의 액체가 관을 따라 계속 내려가게 됩니다.

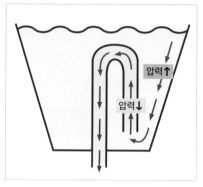

섬유 유연제 칸의 구조

갑티슈 마지막 장에는 왜 선이 그어져 있을까?

티슈에 있는 선은 제품마다 정해진 매수를 구분하기 위해 그은 재단선입니다. 소비자들은 이 선을 보고 티슈를 거의 다 썼다는 사실을 알 수 있습니다.

그런데 가끔은 맨 마지막 장이 아니라 몇 장 남은 상태에서 이 파란 선이 나올 때가 있습니다. 왜 그런지 제지사에 물어봤더니 기계 구조 때문에 그렇다는 답변을 받았습니다. 기계가 선을 인지하고 멈추는 데까지 약간의 시간이 더 필요합니다. 그래서 선이 그어진 티슈 뒤로 몇 장의 티슈가 같이 더 들어간 것입니다.

파란 선이 그어진 티슈

요즘은 파란 선이 없는 갑티슈도 많습니다. 제조설비가 발전하다 보니 굳이 선을 긋지 않아도 기계가 자동으로 매수를 구분할 수 있게 되었습니다. 제조사마다 설비나 생산 방식에는 차이가 있기 때문에 제조사에 따라서 어떤 제품은 여전히 선이 있고, 또 어떤 제품은 없기도 합니다.

그런데 이 선은 무슨 잉크로 찍는 걸까요? 아무래도 티슈는 피부에 닿는 일이 많으니 선이 있는 티슈를 사용해도 괜찮은지 갈등이 됩니다. 이 선은 대부분 식용색소로 인쇄하기 때문에 안전상에는 문제가 없다고 합니다. 두루마리 휴지에 있는 그림도 식용색소를 이용해 인쇄하고 소고기나 돼지고기를 도축 검사 한 뒤에 찍는 검인 도장도 식용색소로 찍습니다. 이 티슈를 사용한다고 해서 잉크가 묻어나는 것도 아니니 걱정하지 않고 사용해도 괜찮습니다.

고양이는 왜 혀로
물을 마실까?

7

유튜브나 SNS의 짧은 영상에 넋을 빼앗긴 채 계속 영상을 넘기다 보면 꼭 한 번쯤 귀여운 동물을 보게 됩니다. 물을 마시는 동물들의 영상도 귀여워서 계속 보게 되는데요. 특히 고양이가 혀를 내밀어 물을 마시는 모습은 너무나도 귀엽습니다. 그런데, 고양이는 왜 혀로 물을 마실까요?

모든 동물이 다 혀로 물을 마시는 것은 아닙니다. 기린이나 말, 사슴 같은 동물들은 입을 물에 담가서 물을 마십니다. 원숭이는 사람처럼 손을 사용해 물을 마시기도 합니다. 그런데 호랑이나 사자, 고양이는 모두 혀로 물을 마십니다. 왜 어떤 동물들만 혀로 물을 마시는 걸까요?

모든 동물이 혀로 물을 마시지는 않는다.

🎙️ 청주동물원 진료사육팀장 김정호: 초식 동물과 육식 동물은 물을 마시는 형태가 다릅니다. 육식 동물은 혀를 사용해서 물을 찍어 마시고, 초식 동물은 입술을 오므려서 물을 빨아들입니다. 육식 동물과 초식 동물의 물 마시는 형태가 다른 것은 볼이 발달한 정도의 차이 같습니다. 사냥을 해야 하는 육식 동물은 사냥감의 숨통을 조이고 고기를 찢어 먹어야 하기 때문에 입이 커질 수밖에 없습니다. 그리고 초식 동물처럼 입 안에서 먹이를 계속 씹지 않기 때문에 그만큼 볼이 덜 발달할 수밖에 없습니다. 그런데 초식 동물 같은 경우에는 풀을 하루종일 뜯어 먹어야 하고, 계속 씹어야 하기 때문에 구강 구조와 볼이 발달되어 있습니다.

사람도 초식 동물과 마찬가지로 입이 끝나는 곳부터 턱까지 볼로 덮여 있습니다. 이렇게 볼이 발달되어 있으면 입 안에서 공기나 액체가 새어 나가지 않게 막을 수 있어 입 안팎의 압력차를 이용해 물을 빨아들일 수 있습니다. 하지만 볼이 덜 발달된 육식 동물은 입 안에

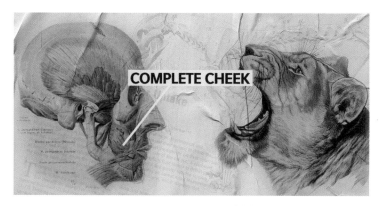

사람이나 초식 동물은 볼이 발달되어 있다.

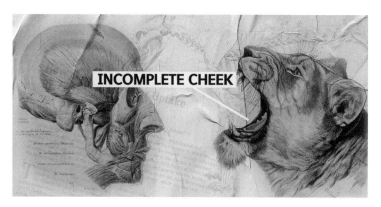

육식 동물은 볼이 덜 발달되어 있다.

공기를 가둘 수 없어 물을 빨아들일 수 없습니다. 개나 고양이 같은 식육목 동물도 볼이 발달되지 않아 물을 혀로 마실 수밖에 없습니다.

하지만 혀를 이용해 물을 마실 때, 일반적으로 생각하는 것처럼 혀를 구부려 물을 퍼올리는 방법으로 물을 마시는 것은 아니라고 합니다.

유체의 관성이 물기둥을 만든다.

🎙️ 미국 코넬대 생물환경공학부 교수 정승환: 연구를 보면 혀로 물을 먹는 동물들은 물을 혀로 퍼서 먹는 것이 아니라 물기둥을 만든 다음에 그 물기둥을 베어 먹습니다.

여기서 물기둥은 돌고래가 튀어나올 때 생기는 물기둥과 같습니다. 이 물기둥은 옆에 붙어 있던 물체를 따라가려는 유체의 관성 때문에 생깁니다.

🎙️ 미국 코넬대 생물환경공학부 교수 정승환: 예를 들어 라떼 위에 하트 모양을 만들 때 동그란 모양을 먼저 만든 다음에 빨대로 가운데를 그어서 하트 모양을 만들 수도 있습니다. 유체가 빨대를 따라가기 때문에 하트 모양이 만들어지는 것입니다. 이 또한 같은 원리입니다. 혀

163

가 물에서 나오면 그 주변에 있는 유체는 혀를 따라가게 됩니다.

　고양이는 물처럼 끈적임이 없는 액체를 끌어올리기 위해 혀를 매우 빠르게 움직입니다. 1초에 약 3.5회, 최고 초속 78센티미터 정도로 혀를 움직입니다. 하지만 이렇게 생긴 물기둥은 중력의 영향을 받아 어느 순간 다시 떨어집니다. 고양이는 이 순간을 놓치지 않고 물기둥이 가장 높을 때 재빨리 입을 닫아 물을 마십니다. 이 방법으로 고양이는 1초 동안 약 0.5밀리리터의 물을 마실 수 있습니다.

　그런데 여전히 의문이 남습니다. 물을 마시는 고양이의 혀를 자세히 보면 고양이가 마치 물을 떠먹으려고 하는 것처럼 혀끝을 말고 있기 때문입니다. 게다가 혀끝에 물이 담겨 있는 것 같기도 합니다.

　미국 하버드대 연구팀은 이 의문을 해소하기 위해 개가 마시는 물에 조영제를 섞어 엑스레이 영상을 찍었습니다. 그 결과, 개는 고양이보다도 혀를 더 말아서 물을 마시지만 혀에 담겼던 물은 대부분 쏟아지고, 혀 아래에 딸려 올라온 물만 목구멍으로 넘어간 것을 확인할 수 있었습니다. 연구팀은 고양이가 물을 마시는 모습도 고속 카메라로 관찰했는데요, 개와 마찬가지로 혀끝에 담겼던 물은 고양이가 혀를 밖으로 내밀 때 모두 밖으로 다시 나왔습니다. 그럼 혀로 물을 떠먹는 것도 아니면서 왜 혀끝을 구부리는 걸까요?

출처 Pedro M. Reis et al, "How Cats Lap: Water Uptake by Felis catus", Science, 2010, 330, 1231-1234.å

물에 닿는 면적이 넓어지면 물기둥이 더 커진다.

🎙 미국 코넬대 생명환경공학부 교수 정승환: 국자 모양을 만들면 물기둥을 크게 만들 수 있습니다. 혀가 곧게 물에 들어갔다 나오면 물기둥이 작아지고 국자 모양을 만들면 물기둥이 더 커집니다.

고양이가 물을 마시는 모습은 사람이 보기에는 어설퍼 보이지만 고양이들에겐 가장 알맞은 방법이었습니다.

영상으로 알아보기 ▶

비둘기는 사람 가까이에 잘 오는데
참새는 왜 안 올까?

참새는 사람과 가까이 산다.

참새는 원래 경계심이 많은 편입니다. 옛날에는 참새 고기를 먹는 경우가 많아 참새 잡이가 활발하게 이루어졌다 보니 더더욱 행동을 조심하기도 합니다. 참고로 지금은 참새를 함부로 잡는 것이 불법입니다.

그런데 참새가 항상 경계 모드인 건 아니라고 합니다.

🎙 **동서조류연구소장 이정우:** 공원 같은 곳에서 노인들이 앉아서 쌀을 주면 그걸 얻어먹기 위해 손 위에도 올라갑니다.

쉽게 말해서 참새는 밀고 당기기를 잘한다는 것입니다. 그래서 겉보기엔 사람을 피하는 것처럼 보이지만 사람 주변에 있으면 먹을 것도 쉽게 구하고, 천적도 막아낼 수 있으니 사람들과 가까운 곳에 터를 잡고 삽니다.

그래서 참새가 살기 어려운 환경이라도 사람이 살고 있으면 참새가 나타날 때가 있습니다. 해발 2,000미터가 넘는 백두산 고산지대는 나무 한 그루도 찾기 힘든 곳이지만 이 일대에 주민이 늘어나자 참새도 같이 늘고 있다고 합니다.

PART 4

불편해서 떠오른 의문

숙박업소 화장실은 왜 밖에서 다 보이게 만들었을까?

1

사람은 누구나 혼자만의 시간이 필요합니다. 아무리 외로움을 많이 타는 사람이라도 피해 갈 수 없는 시간. 바로 화장실에서 자신과의 싸움을 하는 시간입니다.

그런데 가끔은 이 시간을 방해받기도 합니다. 바로 유리로 된 숙박업소 화장실 이야기입니다. 여행지에서 가족, 연인, 친구와 숙박업소에 들어갔는데 화장실 벽이 유리로 되어 있다면 안에 있는 사람도, 밖에 있는 사람도 모두 불편한 상황이 펼쳐집니다. 그 누구도 원하지 않았던 이런 고통. 대체 왜 화장실을 유리로 만들기 시작한 것일까요?

인테리어 업체에 따르면 대실 영업에 주력하는 숙박업소일수록 유리 인테리어를 적극 도입한다고 합니다. 하지만 대실을 이용하는 주고객인 연인들도 유리로 마감한 화장실을 좋아하지 않습니다.

씻거나 볼일을 보는 사적인 일을 다른 사람에게 보여주고 싶은 사람은 거의 없습니다. 특히나 변기에 앉아 있는 모습은 누구에게도 보여주고 싶지도, 보고 싶지도 않을 것입니다.

🎙 심리건축가 김동철: 모든 인간은 기본적으로 관음에 대한 욕구가 있습니다. 불투명한 유리 너머로 상대가 씻는 실루엣을 볼 수 있다면 성적 호기심이 더 증폭이 돼서 더 나은 사랑을 나눌 수 있다는 가정을 할 수 있습니다. 그러나 배변에 대한 문제는 부정적인 의미가 더 큽니다. 배변하는 모습을 보여 주기도 싫지만, 봤다는 것 자체만으로도 성적 호기심이 반감됩니다. 상대가 배변한 후, 내가 취해야 하는 행동에 대해 여러 고민을 하게 만듭니다. 이런 면에서 양변기가 있는 화장실을 유리로 마감하는 것은 그다지 좋지 않다고 이야기하고 싶습니다.

탐사를 진행하던 중에 예상치 못한 사실 한 가지를 알게 되었습니다. 숙박업소 업계 전문가들에게 물어보니 숙박업소 인테리어는 호텔에서 차용하는 경우가 많다고 합니다. 유리로 마감한 화장실 인테리어도 호텔에서 먼저 시작한 것으로 보입니다.

🎙️ 유한대 인테리어디자인전공 교수 이규홍: 호텔 방의 크기는 한정되어 있기 때문에 공간적 확장감을 주기 위해 유리라는 소재를 사용하는 경우가 많습니다.

숙박업소도 호텔과 마찬가지로 개방감을 주기 위해 유리 마감 인테리어를 도입하기 시작했습니다. 색다른 분위기도 만들 수 있겠지만, 그보다 먼저 객실이 넓어 보이는 효과가 있었던 거죠.

그런데 똑같이 유리로 마감을 했더라도 호텔은 객실에서 변기가 바로 보이는 경우가 거의 없습니다. 그리고 욕실이 유리로 되어있다고 하더라도 이용자의 사생활을 보호하기 위해 블라인드나 커튼을 달아서 밀폐와 개방이 용이하도록 만듭니다.

호텔 객실은 블라인드 등으로 욕실을 가릴 수 있다.

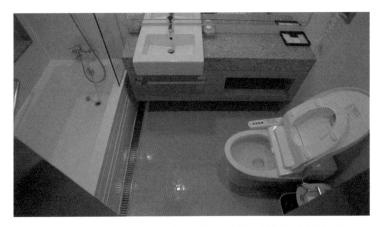

숙박업소 화장실의 구조는 일반 가정집과 크게 다르지 않다.

🎙 실내건축기사 한미애: 옛날 화장실 모듈은 문을 열면 양변기, 세면대, 욕조 순으로 쭉 보이는 구조였습니다. 이 모듈에서 문이나 벽을 유리로 변경하면 문과 제일 가까운 양변기가 보이게 됩니다.

정리해 보면 이렇습니다. 유리 마감 화장실이 유행하기 전, 숙박업소의 화장실 구조는 일반 가정집과 크게 다르지 않게 변기, 세면대, 욕조가 따로 구분 없이 한 공간에 배치되어 있었습니다. 그런데 호텔에서 유리 마감 인테리어가 유행하기 시작하면서 숙박업소도 개방감 있는 객실을 연출하기 위해 이 방법을 차용했습니다. 문제는 이런 인테리어를 차용하려면 변기가 보이지 않게끔 화장실 배치도 바꿔야 하는데 그렇게 하지 않고 벽만 유리로 바꾸었던 것입니다. 유리 인테리어에 맞게 화장실 배치를 바꿔야 하지만 그럴 경우 배관 위치까지 옮기는 대규모 공사가 필요합니다. 비용을 절감하기 위해 유리 벽에 시트지를 붙이기도 했으나 양변기와 너무 가까이 있어 실루엣이 드러날 수밖에 없었던 것입니다.

이런 실수는 숙박업소에 유리 마감 화장실이 도입됐을 무렵 많이 나타난 것으로 보입니다. 최근에 시공된 숙박업소들은 이런 문제점들이 많이 개선됐습니다.

리모델링에 큰 자본을 투입할 수 있는 호텔과 개인 자영업자들이 운영하는 숙박업소는 상황이 다를 수밖에 없습니다. 하지만 이용객들이 편하게 객실을 쓸 수 있도록 고민할 필요는 있다고 생각합니다.

 ◀ 영상으로 알아보기

호텔의 진짜 최저가는 어디서 찾을 수 있을까?

호텔을 예약하기 위해 호텔 예약 사이트를 이용한 적이 있을 것입니다. 그런데 같은 호텔도 사이트마다 가격이 모두 다릅니다. 진짜 최저가를 찾고 싶으면 어느 사이트를 이용해야 할까요?

당연히 최저가라고 광고하는 숙박 예약 사이트가 더 싸다고 생각하지만 모두 그런 것은 아니었습니다. 실제로 유명 특급 호텔의 숙박료를 찾아보니 다른 예약 사이트보다 호텔의 공식 사이트가 더 저렴했습니다.

성급이 높은 호텔은 공식 사이트가 더 저렴하다.

서울 5성급 호텔의 가격을 확인해 보았습니다. 예약 날짜, 객실 유형, 환불 여부 등 같은 조건을 가진 상품들을 두고 호텔의 공식 사이트와 다른 숙박 예약 사이트들의 가격을 비교했습니다. 그 결과, 21곳 중 2곳을 뺀 나머지는 공식 사이트가 더 저렴했습니다.

조사했던 호텔을 다시 살펴보니 공식 사이트가 더 저렴한 호텔들은 모두 글로벌 체인 호텔이라는 공통점이 있었습니다. 여러 나라에 많은 사업장을 갖고 있는 글로벌 체인 호텔들은 공식 사이트 가격이 더 저렴한 경향이 있었습니다.

게다가 이런 글로벌 체인 호텔들은 '최저가 보상 제도'를 운영하는 경우도 많았습니다. 호텔 공식 사이트에서 예약을 했는데, 같은 객실이 다른 숙박 예약 사이트에서 더 저렴한 가격으로 팔리고 있다면 그 최저가에 맞춰서 객실을 제공하는 것입니다. 이에 더해

마일리지 혜택도 주는 등 이들은 고객이 자사의 사이트를 통해 객실을 예약하도록 유도하고 있습니다.

고객들을 호텔 공식 사이트로 모으려는 이유는 수수료를 줄이기 위해서입니다. 호텔이 예약 사이트에 지불하는 수수료가 적게는 10%에서 많게는 30%나 된다고 합니다. 이 수수료를 줄이고 장기적으로는 고객 데이터를 확보하기 위해 공식 홈페이지 이용을 유도하는 것입니다.

반대로 중소형 호텔들은 숙박 예약 사이트가 공식 사이트보다 저렴한 편입니다. 인지도가 낮은 호텔은 소비자들이 특별히 해당 호텔을 고르는 이유가 없기 때문에 이용자가 많은 호텔 예약 사이트를 이용해 고객을 모을 수밖에 없습니다.

덧신은 왜 몇 번 안 신어도
구멍이 날까?

2

패션의 완성은 양말입니다. 발목이 포인트인 옷을 입었을 때, 덧신은 필수품입니다. 그런데 이상하게도 덧신을 신으려고 찾아볼 때마다 구멍 난 것 투성이입니다. 반면, 발목 길이의 짧은 양말이나 정장에 신는 긴 양말은 구멍 난 것이 그리 많지 않습니다. 덧신이 특히나 더 빨리 닳는 것은 그냥 기분 탓일까요?

🎙 이화여대 의류산업학과 교수 윤창상: 덧신은 잘 보이지 않게 하기 위해서 발에 걸칠 수 있는 부분이 작습니다. 하지만 쉽게 벗겨지면 안되기 때문에 신축성을 갖도록 해야 합니다. 이를 위해 250밀리미터의 발 사이즈에 맞는 덧신은 200밀리미터 정도로 만들고 사용할

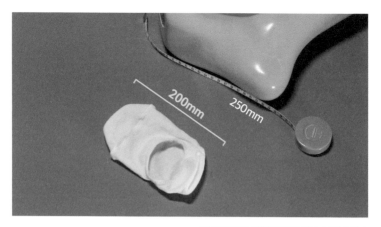

덧신은 발보다 작게 만들어 잘 벗겨지지 않게 한다.

때는 늘려서 사용합니다. 늘리면서 두께가 얇아지기 때문에 쉽게 구멍이 날 수 있습니다.

즉, 덧신은 일반 양말에 비해 그 구조상 구멍이 잘 생길 수밖에 없다는 것입니다. 사실 괜찮은 덧신들은, 한동안 무난하게 잘 신을 수 있습니다. 그런데 가끔 한두 번만 신었는데도 구멍이 나는 덧신들이 있습니다. 덧신이 구조상 구멍이 빨리 생길 수밖에 없다지만 이건 너무하다는 생각이 듭니다.

유독 구멍이 빨리 나는 덧신은 어떤 특징이 있을까요? 덧신을 직접 만드는 전문가들에게 물어봤습니다.

🎙 청○양말 대표 정진욱: 구멍이 잘 나는 덧신도 분명히 있고. 구멍이 안 나는 덧신도 있습니다. 이는 덧신을 제작하는 과정에서 사용하는 실에 따라 달라질 수 있다고 생각합니다.

🎙 중앙양말연합회 회장 김신태: 100% 면이 아닌 실을 쓴다면 쉽게 구멍이 날 수 있습니다. 또, 정해진 그 굵기의 스판덱스를 사용하지 않고 다른 스판덱스를 쓰는 경우에도 품질이 떨어지는 덧신이 만들어집니다.

원사, 즉 실을 저품질로 쓰면 내구성이 떨어져 구멍이 빨리 날 수 있다고 합니다. 그런데 덧신에 어떤 품질의 원사가 쓰였는지 소비자는 알기 어렵습니다. 품질 표시란에도 무슨 재질이 들어갔는지만 알

품질 표시를 보아도 어떤 품질의 원사가 사용되었는지는 알기 어렵다.

려주는 게 일반적입니다. 하물며 이런 품질 표시조차 없는 제품도 종종 있습니다. 그럼 구멍이 잘 날 것 같은 덧신을 우리 눈으로 알아볼 수 있는 방법은 없을까요?

눈으로 볼 수 있는 가장 간단한 방법은 덧신이 깍지에 포장되어 있는 모습을 살피는 것입니다. 덧신을 만들 때 원사가 덜 들어간 제품은 상대적으로 듬성듬성할 수밖에 없습니다. 그럼 포장을 위해 늘였을 때 속이 다 비치는 것을 확인할 수 있습니다.

또, 너무 작게 생산된 덧신은 주의해야 합니다. 작으면 작을수록 신었을 때 더 얇고 팽팽해지기 때문입니다. 그런데 덧신은 직접 신어보기 전까지 작은지 아닌지 알기 어렵습니다. 게다가 포장된 상태에서는 더더욱 그 크기를 가늠할 수 없습니다.

구멍이 쉽게 날 것 같은 이 덧신들, 어떻게 시장에 나오게 된 걸까요? 결국 단가 때문입니다.

🎤 중앙양말연합회 회장 김신태: 우리나라의 현재 양말 기계 설비 생산량이 100이면 소비는 80, 90밖에 안 됩니다.

옛날에는 이 많은 설비들로 생산한 양말을 수출했지만 현재는 저렴한 가격으로 승부하는 중국과 베트남에게 밀렸다고 합니다. 수출하던 업체들이 모두 국내 시장에 도전하자 가격 경쟁이 점차 심해졌습니다. 그렇게 원가 절감을 위해 실을 덜 사용한 덧신이 시장에 나오고 우리는 쉽게 구멍나는 덧신을 신게 된 것입니다.

영상으로 알아보기 ▶

청바지 속 작은 주머니, 왜 달려 있을까?

워치 포켓

이 주머니는 '워치 포켓'으로 말 그대로 시계를 넣기 위한 주머니입니다. 청바지가 처음 만들어질 당시엔 손에 들고 다니는 회중시계를 많이 썼습니다. 회중시계는 두 손을 쓰는 작업을 하기가 번거롭고 파손되는 경우도 많았습니다.

카우보이나 광산 노동자 같이 활동성이 높은 직업군은 회중시계가 더 자주 파손되었습니다. 공교롭게도 이들은 청바지를 즐겨 입는다는 공통점이 있었습니다. 한 유명 청바지 브랜드는 여기에 착안해 시계만을 위한 주머니를 만들었습니다.

그렇다면 더 이상 회중시계를 쓰지 않는 오늘날, 이 주머니는 왜 계속 있을까요? 청바지 제조사에 물어보니 워치 포켓은 동전 포켓 성냥 포켓 티켓 포켓까지 다양한 이름으로 불린다고 합니다. 이 말인즉슨 넣고 싶은 자잘한 물건들을 넣는 용도로 사용하면 된다는 것입니다.

백신은 꼭 주사로
맞아야 할까?

어린 시절부터 맞아온 다양한 예방접종을 기억하시나요? 다른 약은 먹어서 복용하기도 하는데 예방접종 백신은 꼭 주사로 맞아야 해서 병원을 꺼리게 만든 일등 공신이었습니다. 왜 우리는 이런 통증을 감수하면서 백신을 주사로 맞아야 할까요?

찾아보니, 먹는 백신도 있다고 합니다. 설사병을 일으키는 콜레라, 로타바이러스나 소아마비 백신은 먹는 형태로 나옵니다. 그냥 삼키기만 하면 되니까 아프지도 않고 병원에 가서 주사를 맞는 것보다 훨씬 간편합니다.

먹는 백신은 의료진이 충분하지 않은 지역에 큰 도움이 됩니다. 소아마비와 콜레라처럼 개발도상국에서 주로 유행하는 질병의 백신이 먹는 형태로 개발된 이유입니다.

하지만 먹는 백신이 가진 편리함에도 불구하고 주사형 백신이 훨씬 많습니다. 독감, 홍역, 볼거리, A형 간염, B형 간염, 디프테리아, 파상풍, 백일해, 수두, 결핵, 그리고 코로나19까지. 우리가 아는 것만 나열해도 주사로 맞는 백신의 수가 압도적입니다. 왜 이렇게 차이가 나는 걸까요?

🎙 국제백신연구소 사무차장 송만기: 사람은 먹어서는 면역 반응이 잘 일어나지 않도록 진화했습니다. 먹는데 면역 반응이 계속 일어난다면, 소고기나 닭고기도 외부에서 들어온 단백질이기 때문에 고기를 먹을 때마다 두드러기가 날 수 있습니다. 그렇기 때문에 먹는 것에 대한 면역 반응을 최대한 억제하도록 진화되었습니다.

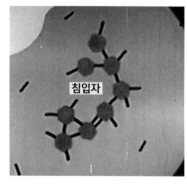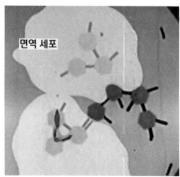

면역 세포는 몸에 들어온 침입자에 반응한다.

백신은 침입자가 들어온다고 우리 몸에 미리 알려주고 면역 세포가 미리 싸워 보도록 연습시키는 것이라고 할 수 있습니다. 그런데 백신을 주사로 맞지 않고 먹으면 면역 세포가 침입자와 싸우지 않습니다. 그 이유는 팔 근육과 장에 있는 면역 세포의 종류가 다르기 때문입니다. 쉽게 비유하자면, 팔 근육에는 침입자에 아주 호전적인 면역 세포들이 많고, 장에는 웬만해선 싸우지 않는 침착한 면역 세포들이 많다고 할 수 있습니다.

근육에서도 면역반응이 느리게 일어나기도 합니다. 그래서 근육 주사 백신에도 면역 증강제를 넣어 면역 세포가 침입자에 더 잘 반응하도록 합니다. 그런데 먹는 백신은 이 면역 증강제조차 마땅한 것이 없습니다.

과학자들은 먹는 백신을 아주 오랫동안 연구해 왔지만, 요즘은 새로운 형태의 백신이 더 주목받고 있습니다. 바로 피부에 붙이는 '패치형' 백신입니다.

🎙 **쿼드메디슨 연구소장 최성오:** 패치형 백신은 약 1센티미터×1센티미터 정도 되는 크기의 패치에 약 100개의 코팅형 마이크로 니들이 올라와 있습니다. 코팅형 마이크로니들은 600~800마이크론 정도 되는 구조체에 백신을 코팅한 것입니다. 코팅형 마이크로니들에는 우리 몸에 들어와서 병을 일으키는 침입자가 발라져 있어서 패치를 붙이면 피부 안으로 침입자가 들어옵니다. 일종의 피부 주사인 거죠.

패치형 백신을 사용했을 때 우리가 고통을 느끼지 않는 이유는 패치형 백신에 사용된 마이크로니들의 길이가 매우 짧아 피부 밑에 있는 신경을 건드리지 않기 때문입니다. 면역과 관련된 세포들은 신경이 존재하는 층보다 훨씬 더 바깥쪽에 존재하기 때문에 짧은 바늘로도 충분히 백신을 전달할 수 있습니다.

편리하고 통증도 없는 패치형 백신은 주사를 맞는 것보다 훨씬 좋아 보입니다. 우리는 언제쯤 이런 패치형 백신을 일상에서 만나 볼 수 있을까요?

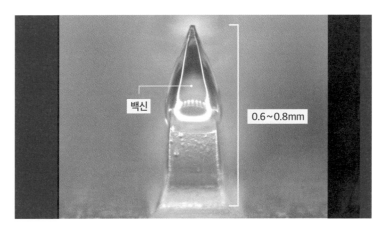

백신

0.6~0.8mm

코팅형 마이크로니들

🎙 국제백신연구소 사무차장 송만기: 빠르면 몇 년 내로 상용화될 수도 있습니다. 지금까지는 먹는 백신 쪽에 관심을 많이 가졌고, 앞으로도 연구하겠지만, 제가 볼 때 앞으로는 마이크로니들을 이용한 패치형 백신을 더 많이 연구할 것 같습니다.

영상으로 알아보기 ▶

팔에 맞는 주사와 엉덩이에 맞는 주사는 무슨 차이일까?

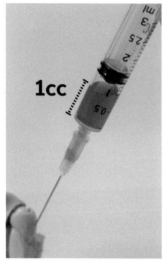

팔뚝 주사와 엉덩이 주사는 약물의 용량 1cc를 기준으로 나뉜다.

주사를 놓는 부위는 크게 피부, 혈관, 근육으로 나뉩니다. 환자의 몸 상태나 약 처방에 따라서 주사하는 곳이 달라집니다. 팔뚝이나 엉덩이에 놓는 주사는 바로 근육 주사에 해당합니다.

팔뚝 주사와 엉덩이 주사의 차이는 약의 용량입니다. 팔뚝에는 1시시cc 이하의 약물을 주사하도록 권고하고 있습니다. 팔뚝의 근육인 삼각근은 크기가 작아 약이 많으면 흡수가 잘 되지 않을 수 있기 때문입니다. 약물이 1시시보다 많을 때는 엉덩이에 주사를 놓습니다.

사실 엉덩이 주사는 엉덩이 한가운데에 놓지 않습니다. 엉덩이와 등 사이에 있는 배둔근, 또는 엉덩이와 배 사이에 있는 복둔근에 주사합니다. 엉덩이 한가운데에 주사를 놓으면 좌골신경을 잘못 건드려서 마비가 올 수 있기 때문입니다.

참고로 36개월이 안 된 아기들은 엉덩이의 근육과 신경이 덜 발달했기 때문에 엉덩이에 주사를 놓지 않습니다. 아기들은 주요 혈관과 신경이 없는 앞쪽 허벅지외측광근에 주사합니다.

교과서에 필기하면
왜 쉽게 번질까?

　선생님의 수업을 따라 정신없이 필기하다 보면 어느새 손날이 시커멓게 변합니다. 손날이 지저분해질 뿐만 아니라 애써 적은 필기가 전부 번져서 알아보기 어려운 일도 허다합니다. 펜이 문제일까 싶어서 가정통신문이나 노트에 필기를 해 보면 번지기는커녕 깔끔하게 잘 마른 선을 볼 수 있습니다.

　그렇다면 펜의 문제가 아니라 교과서 종이가 문제라는 결론이 나옵니다. 왜 교과서에 필기하면 쉽게 번지는 것일까요?

　기존 교과서 용지는 교과서에 적합하다고 전문가들이 판단한 용지를 말합니다. 우리가 평소에 사용하는 A4용지는 백상지입니다. 백상지는 펄프지 그대로 만든 종이여서 따로 코팅이 되어있지 않습니다.

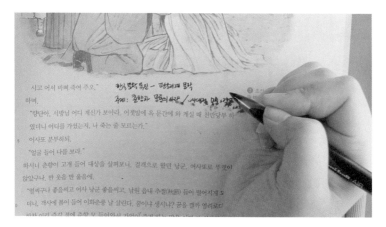

교과서에 필기를 하면 쉽게 번진다.

이렇게 코팅이 되지 않은 종이는 잉크를 바로 흡수해서 펜으로 필기할 때 번질 걱정이 적습니다. 하지만 코팅이 되어 있지 않은 종이는 사진이나 그림이 선명하지 않고 채도가 떨어질 수 있어 공부를 하다가 눈에 피로감을 느낄 수 있다는 단점이 있습니다.

MFC 계열 종이는 이러한 단점을 개선하기 위해 코팅을 한 종이입니다. 사진이나 그림이 선명하게 찍힐 수 있도록 후가공을 하여 눈의 피로를 덜 수 있습니다. 교과서나 문제집에도 이 용지가 가장 많이 사용되고 있습니다. 다만 용지 겉에 코팅이 되어 있어 잉크가 쉽게 번지는 단점이 있습니다.

사진이나 그림이 많이 들어가는 미술이나 사회과부도 등의 교과서는 MFC 계열 종이보다 더 가공이 많이 된 스노우화이트지를 사용합니다. 글씨는 쉽게 번져도 색을 구현하기에 더 좋기 때문이죠.

교과서에 MFC 계열 종이나 스노우화이트지말고 다른 종이를 사용하면 안 될까요? 잉크 흡수도 잘 되고 색감 재현도 뛰어난 종이가 분명히 있을 것 같아 인쇄 업체에 문의를 해보았습니다.

🎤 **인쇄업체 영업팀장 서계원:** 코팅이 안 되어있어도 특수 약품을 입혀서 인쇄했을 때 색감이 잘 드러나는, A4처럼 투박한 촉감을 가진 '러프 그로스지'라는 종이가 있습니다. 하지만 가격이 굉장히 비싸서 교과서 용지나 학습지로 사용하기엔 무리가 있습니다. 또, 굉장히 무거운 편이라 교재로 만들면 들고 다니기도 힘듭니다.

실질적으로 교과서 용지를 바꾸는 것은 어려워 보입니다. 그렇다면 교과서에 최대한 번지지 않도록 조심해서 필기를 해야 할 텐데요. 어떻게 해야 덜 번지게 필기할 수 있을까요?

손글씨 전문가인 캘리그래퍼 아티스트 펜크래프트는 0.28밀리미터 펜을 사용하는 것을 추천합니다. 촉이 얇은 만큼 잉크도 적게 나오기 때문에, 잉크가 마르는 데 드는 시간이 적기 때문입니다. 혹은 샤프로 필기를 한 뒤에 복습할 겸 볼펜으로 쓰고 천천히 말리는 시간을 갖는 것도 하나의 방법입니다.

영상으로 알아보기 ▶

책의 맨 앞부분에는 왜 색 있는 종이가 있을까?

지금 이 책의 표지를 열어보세요. 노란색 종이를 발견하셨나요? 이 종이의 이름은 '면지'입니다. 면지는 본문을 보호하고 책날개에 끼우면 표지도 단단하게 만들어 주는 등 책의 내구성을 높이는 역할을 합니다.

드물지만 면지가 없는 책도 있습니다. 면지가 없다고 해서 책의 내구성이 아주 떨어지는 것도 아닙니다. 그럼 대부분의 책은 왜 면지를 갖고 있을까요?

양장 책은 면지가 필수다.

그 이유는 디자인적인 요소를 살리기 위해서입니다. 면지로 좋은 재질의 종이를 쓰거나, 단색 대신 삽화나 화려한 무늬를 넣기도 합니다. 또 저자의 사인을 받거나 책과 관련된 기록을 할 때도 면지를 유용하게 쓸 수 있습니다. 책의 모양새나 형태적 완성도를 봤을 때 굳이 면지를 뺄 이유는 없습니다.

그런데 양장 책은 면지를 꼭 넣어야 합니다. 양장 책을 만들 때, 본문과 표지를 붙여 줘야 하는데 면지는 본문과 표지 사이에 들어가서 둘을 견고하게 이어 줍니다. 그래서 양장 책은 표지를 펴면 양쪽 면을 다 덮은 면지가 나옵니다.

원고지 줄 사이에 있는 빈칸은 대체 뭘까?

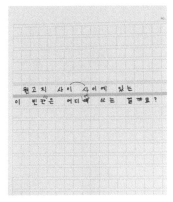

원고지의 빈칸에 교정부호를 쓴다.

원고지 줄 사이에 있는 칸은 원고를 교정할 때 씁니다. 교정부호나 각주 번호, 수정할 내용 등을 넣을 때 여기에 적습니다.

그런데 원고지 양식을 만든 일본에서는 이 빈칸이 다르게 사용됩니다. 일본어는 똑같은 한자더라도 발음이 다를 때가 있기 때문에 발음법을 같이 써주고는 합니다. 이렇게 일본어 발음법을 한자에 함께 적어둔 것을 '후리가나'라고 합니다.

예를 들어 '센과 치히로千と千尋'에는 한자 천千이 두 번 쓰이지만 앞에서는 '센' 뒤에서는 '치'로 발음됩니다. 그렇다 보니 처음 보는 사람의 이름이나 생소한 한자를 보면 일본인도 어떻게 읽는지 헷갈린다고 합니다. 그래서 일본에서는 원고지에 한자를 적을 때 이 칸에 후리가나를 같이 써 줍니다.

🎤 **광주대 문예창작과 교수 조형래**: 일본에서는 원고지의 빈칸에 후리가나를 주로 쓰다가 교정하기 위한 용도로 사용하기도 했습니다. 한국어는 후리가나 같은 발음 표기를 쓸 이유가 없었기 때문에 교정하는 용도로 집중적으로 활용되었습니다.

후리가나

프라이팬의 기름은
왜 가장자리로 퍼질까?

계란프라이를 먹으려고 프라이팬에 기름을 두르고 계란을 집어 드는 짧은 순간, 가운데 부어 둔 기름이 어느새 프라이팬 가장자리로 밀려나 있습니다. 이대로 요리했다가는 프라이팬 가운데에 눌어붙은 음식을 떼어 내느라 고생하게 되죠. 왜 프라이팬에 기름을 부으면 늘 가장자리로 퍼지는 걸까요?

가장 먼저 생각해 볼 수 있는 이유는 기울기입니다. 프라이팬에 경사가 있다면 기름이 한쪽으로 흐르는 것도 이해가 됩니다. 프라이팬의 기울기를 확인하기 위해 수평기를 프라이팬 위에 올려 보았습니다. 수평기 속의 기포는 수평기가 경사진 곳에 있다면 경사가 높은 쪽으로 기포가 치우칩니다.

코팅 팬, 스테인리스 팬, 무쇠 팬 기울기 측정 결과

측정 결과, 코팅 팬도 스테인리스 팬도 무쇠 팬도 모두 기울어져 있었습니다. 세 종류의 프라이팬 모두 가운데가 가장자리보다 더 높았죠.

🎙 해피콜 상품기획개발본부장 이우정: 어떤 팬이든 중심부를 위쪽으로 약간 볼록하게 만들어서 출하합니다. 가스레인지나 인덕션 등 열원에 올리고 요리를 할 때 프라이팬이 팽창합니다. 이때 만약 팬의 바닥이 평평하다면 어느 방향으로 팽창해서 볼록해질지 알 수 없습니다. 아래로 볼록하게 변형된다면 인덕션 위나 바닥에 놓았을 때 프라이팬이 뱅글뱅글 돌아가는 현상이 발생합니다. 이런 현상을 방지하기 위해서 프라이팬 가운데를 위쪽으로 볼록 튀어나오게 만듭니다.

이 때문에 프라이팬 제조 업체에서는 코팅과 조립까지 마친 프라이팬을 포장하기 직전에 바닥면이 위로 올라가도록 눌러줍니다. 그

래서 우리가 쓰는 프라이팬은 대부분 가운데가 1밀리미터 정도 볼록하죠. 이 기울기만 없애면 기름이 가장자리로 퍼지지 않을까요?

🎙 체코과학원 연구원 알렉산더 페도르첸코: 바닥이 휜 것만으로는 설명이 안 됩니다. 데판야끼는 완전히 평평한 철판을 쓰는데 그때도 기름이 가장자리로 퍼져서 자주 음식이 눌어붙는 걸 볼 수 있습니다. 이런 현상은 '마랑고니 효과' 때문에 발생합니다. 마랑고니 효과는, '열 모세관 대류'라고 불리기도 합니다.

데판야끼는 일본식 철판 요리를 뜻합니다. 데판야끼는 평평한 철판에서 요리하지만 이때도 기름이 가장자리로 흐르는 바람에 음식이 눌어붙습니다.

기름이 언제나 가장자리로 흐르는 것은 마랑고니 효과 때문입니다. 물 위에 후추를 뿌리고 가운데에 비눗물을 한 방울 떨어뜨렸을 때, 물이 가장자리로 움직이는 것을 통해 이 현상을 관찰할 수 있습니다. 비눗물이 아니라 그냥 물을 떨어뜨렸을 때는 이런 일이 일어나지 않습니다.

🎙 미국 코넬 대학교 생물환경공학부 교수 정승환: 표면장력의 차이 때문에 흘러가는 유체의 흐름을 '마랑고니 흐름'이라고 합니다. 줄다리기를 할 때 한쪽이 더 잡아당기면 그쪽으로 사람들이 쏠려가듯 표면장력도 한쪽이 높으면, 높은 쪽으로 유체가 흘러갑니다.

물보다 표면장력이 약한 비눗물을 물 한가운데에 떨어뜨리면, 표면장력이 더 센 물쪽으로, 즉 바깥쪽으로 유체가 움직입니다. 프라이팬에서는 가스레인지를 켰을 때, 프라이팬 가운데로 집중되는 불꽃이 마랑고니 흐름을 일으킵니다.

🎙 체코 과학원 연구원 알렉산더 페도르첸코: 프라이팬 가운데는 가장자리보다 더 뜨겁습니다. 이건 프라이팬 가운데에서 가장자리로 온도 기울기가 생겼다는 뜻입니다. 표면장력은 온도가 높아질수록 낮아집니다. 그래서 프라이팬에서 표면장력은 가장자리로 갈수록 강해집니다.

프라이팬의 가운데와 가장자리 온도 차이

결국 프라이팬에 가하는 열이 기름층 안에서 표면장력의 차이를 만들고, 이 차이 때문에 마랑고니 흐름이 생긴다는 것입니다. 그리고 기름이 흐르다 보면 기름층 가운데가 뻥 뚫리게 됩니다. 그래서 요리하는 중에 기름이 가장자리로 움직여 기름 구멍이 생기고 구멍이 생긴 가운데에는 당연히 음식이 눌어붙기 쉽습니다.

그럼 계속 가운데가 눌어붙은 요리를 만들 수밖에 없는 걸까요? 프라이팬의 기름을 관찰한 과학자는 현실적인 세 가지 방법을 제안합니다.

1) 매우 두꺼운 무쇠팬 쓰기: 두꺼운 프라이팬에선 프라이팬 내의 온도차가 작기 때문에 표면장력 차이도 작다.

2) 기름을 많이 붓기: 기름이 가장자리로 밀리며 기름층이 얇아지

 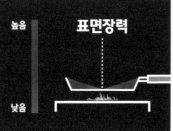

온도에 의해 표면장력의 차이가 생긴다.

다가 임계 두께에 달할 때 구멍이 생기는데, 애초에 기름층이 두꺼우면 임계 두께에 달할 수 없다.

3) 바닥이 둥근 모양의 프라이팬 쓰기: 프라이팬 안에서 온도차가 생겨도 웍처럼 볼록하면, 중력 때문에 다시 프라이팬 가운데로 기름이 모인다.

영상으로 알아보기 ▶

식당에서 나오는 계란프라이는 어떻게 동그랄까?

식당에서는 직접 계란프라이를 만들기도 하지만, 계란프라이 완제품을 구입하여 사용하기도 합니다. 계란프라이 완제품은 보통 냉동 상태로 유통됩니다. 전자레인지에 돌리거나 끓는 물에 조리하면 간단하게 예쁜 계란프라이가 완성되어 편리합니다.

계란프라이 완제품은 짧은 시간에 많은 양을 만들 수 있기 때문에 단체 급식을 하는 곳에서 많이 사용합니다. 제조사에 따르면 최근에는 비빔밥, 샌드위치, 샐러드 등을 파는 일반 식당에서도 사용량이 늘고 있다고 합니다.

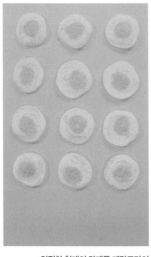

일정한 형태의 완제품 계란프라이

냉동 계란프라이가 예쁘게 생긴 비결은 무엇일까요? 보통 집에서 계란프라이를 만들 때는, 계란을 깨서 바로 프라이팬에 올립니다. 하지만 계란프라이 제조 공장에서는 계란의 흰자와 노른자를 분리하고, 흰자부터 동그란 틀에 넣어서 가열합니다. 잠시 후 흰자가 익어서 모양이 잡히면 그 위에 노른자를 올려서 더 익힙니다. 그렇게 하면 우리가 아는 예쁜 모양의 계란프라이가 완성됩니다.

콘택트렌즈는 어떻게 항상 제자리에 있을까?

 콘택트렌즈를 써 본 적이 있나요? 처음 착용할 때는 어렵지만 한 번 들어가면 눈을 이리저리 굴려도, 아무리 많이 깜빡여도 금세 제자리를 찾습니다. 착용 방법이 익숙해지면 대충 눈 옆쪽이나 아래쪽에 넣어도 제자리에 딱 맞게 착용할 수 있습니다. 콘택트렌즈는 어떻게 늘 제자리로 돌아올까요?

 가장 먼저 추측해 볼 수 있는 이유는 콘택트렌즈의 모양입니다. 렌즈가 우리 눈에 꼭 맞는 모양이라 제자리를 쉽게 찾는 것이 아닐까요? 실제로 과거에는 사람의 눈 모양을 본떠 렌즈를 만들었습니다.

🎙️ 김안과병원 전문의 고경민: 렌즈가 이탈하지 않도록만 하기 위해서는 당연히 렌즈와 각막이 닿는 면적을 크게 만들면 됩니다. 그런데 렌즈가 제자리에서 너무 움직이지 않으면 눈물 순환과 산소 공급이 어렵기 때문에 렌즈와 각막이 접촉하는 면적을 무작정 넓게 할 수는 없습니다.

예상과 다르게 각막 모양과 꼭 맞는 렌즈는 오히려 사용하지 않는다고 합니다. 그럼 우리가 사용하는 콘택트렌즈는 어떤 모양일까요? 확인을 위해 직접 콘택트렌즈 공장을 찾아갔습니다.

🎙️ DK 메디비젼 대표 노동환: 사람마다 각막 곡률이 달라서 그에 맞게끔 여러 종류를 만들고 있습니다. 신발 사이즈처럼 눈의 곡률에 맞춰서 베이스커브BC 8.6, 8.7, 8.8을 기준으로 기본형을 만들고 더 작은 것이나 큰 것도 맞춤형으로 제작하고 있습니다.

곡률은 얼마나 휘어져 있는지를 나타내는 숫자입니다. 콘택트렌즈 포장에 적혀있는 'BC 8.6', BC 8.7'이 곡률을 나타내는 값인데, 숫자가 클수록 덜 휘어 있다는 뜻입니다. 여기서 주목할 건 우리가 쓰는 렌즈의 곡률은 각막의 곡률과 똑같지 않다는 것입니다.

🎙️ DK 메디비젼 대표 노동환: 사람의 각막 곡률은 평균적으로 7.6~8.0이라는 데이터가 확보되어 있습니다. 각막 곡률에 0.7 정도를 더해서 콘택트렌즈 베이스커브를 선택하시면 보편적으로 맞습니다.

우리 눈과 딱 맞지 않는 렌즈는 어떻게 제자리로 돌아오는 걸까요? 그 원리는 '모세관 현상'입니다.

모세관 현상은 액체가 좁은 틈을 타고 위로 움직이는 현상입니다. 아주 얇은 빨대를 액체에 넣었다고 생각해 봅시다. 이때 액체가 좁은 틈에 붙으려는 '부착력'이 액체끼리 뭉치는 '응집력'보다 세면 벽면에 붙은 액체는 위쪽으로 솟아있고 가운데는 움푹 들어간 오목한 모양이 만들어집니다. 액체는 오목한 부분을 채우기 위해 위로 솟아오르게 됩니다. 콘택트렌즈와 각막 사이의 눈물도 바로 이런 모양을 보입니다.

모세관 현상

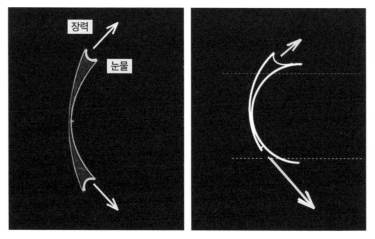

각막과 렌즈가 떨어진 틈에 있는 눈물은 오목한 모양을 띱니다. 이 눈물이 렌즈 가장자리에서 모세관 현상으로 인해 움직이려고 하며 이때 렌즈를 바깥쪽으로 당기는 '장력'이 생깁니다.

렌즈가 우리 눈의 가운데에 있을 때는 360도로 작용하는 이 힘의 크기가 모두 같기 때문에 렌즈가 제자리에 가만히 머무를 수 있습니다. 하지만 우리가 눈을 깜빡여서 렌즈가 잠시 제자리를 벗어났을 때는 상황이 달라집니다.

렌즈가 눈 위쪽으로 움직였다면, 아래쪽은 각막과의 간격이 더 좁아지고 위쪽은 각막과의 간격이 더 넓어집니다. 그러면 간격이 더 좁아진 쪽, 즉 렌즈가 움직인 반대편으로 힘이 더 크게 작용해서 렌즈를 원래 위치로 돌려놓습니다.

🎙 전 서울과기대 안경공학과 교수 김대수: 모세관 현상에서 간격이 좁을수록 그 중심(액체 표면이 만드는 곡면의 중심)을 향하는 힘이 큽니다. 렌즈가 위로 움직이면 아래쪽의 간격이 좁아져 장력이 강해집니다. 그 힘에 의해 렌즈가 원위치를 유지할 수 있습니다.

눈꺼풀의 빠른 움직임도 렌즈가 제자리를 잘 찾아가는 이유 중에 하나입니다. 눈을 깜빡일 때, 렌즈는 눈꺼풀의 움직임을 전부 따라가지 못합니다. 그래서 눈꺼풀은 아래위로 1센티미터 정도 움직이지만 렌즈는 이보다 훨씬 적게 움직이죠.

🎙 김안과병원 전문의 고경민: 렌즈가 각막에서 이탈하지 않게 하려면 각막 곡률, 각막 난시가 가장 핵심이고 부수적으로는 이제 그 사람의 눈꺼풀의 장력. 또 동공의 크기 또 눈 전체의 크기 등을 고려해야 합니다.

눈 건강을 위해서라도 내 눈을 먼저 알아보고 렌즈를 골라야합니다. 약간 느슨해야 제자리를 더 잘 찾는 렌즈처럼 어떤 일이든 나를 먼저 이해하고 조금은 여유를 주어야 더 잘 해낼 수 있을지도 모릅니다.

영상으로 알아보기 ▶

화장품 뒤 통조림 표시는 대체 뭘까?

개봉 후 사용 기간 표시

화장품 뒤에 있는 통조림 모양 그림은 개봉 후 사용 기간을 나타내는 표시입니다. 제품을 개봉하면 내용물이 공기 중의 수분이나 산소와 반응해 변질될 수 있으니 안전하게 사용할 수 있는 권장 사용 기간을 표시한 것입니다.

그림을 자세히 보면 숫자와 알파벳 M이 적혀 있습니다. 이는 사용 가능한 개월 수를 의미하는 것으로 6M은 개봉 후 6개월, 12M은 개봉 후 12개월까지 사용이 가능하다는 뜻입니다.

그런데 EXP라고 표시된 제조사가 명시한 사용 기한은 아직 남았는데 통조림 표시에 쓰여 있는 기간은 지났다면 둘 중에 어떤 것을 따라야 할지 헷갈릴 수 있습니다. 이미 제품의 뚜껑을 열어 사용을 시작했다면, 개봉 후 사용 기간을 따르는 것이 안전합니다. 개봉할 때 언제 개봉했는지 날짜를 적어 두고 관리하면 더욱 안전하고 편리하게 사용할 수 있습니다.

변색된 투명 핸드폰 케이스, 되돌릴 수 없을까?

투명한 핸드폰 케이스는 쓰다 보면 누렇게 변색되기 마련입니다. 다시 투명하게 만들 수는 없을지 일단 여러 방법들을 모아 직접 시도해 봤습니다. 주방 세제, 치약, 아세톤까지 효과가 있을 것 같은 재료를 모두 사용해 봤지만 실패했습니다. 그리고 운동화나 플라스틱 변색에 사용한다는 산화제로 4차 시도를 했지만 이 또한 실패로 돌아갔습니다.

사실 당연한 결과였습니다. 투명 케이스의 변색은 겉 표면에 무언가가 묻은 것이 아니라 소재 자체의 화학적 변화가 원인이었기 때문입니다.

🎤 한국화학연구원 박사 변두진: 투명 케이스의 색이 변한 것은 소재가 자외선을 만나 화학적으로 반응하여 붉은 오렌지색을 띠는 발색단으로 변화한 것입니다. 근본적으로 TPU라는 플라스틱 소재 자체가 바뀐 것이기 때문에 변색을 없애고 투명하게 만드는 방법은 거의 없다고 볼 수 있습니다.

방법이 거의 없다는 건, 어쩌면 가능할 수도 있다는 걸까요? 만의 하나라도 케이스를 원래대로 되돌릴 방법이 있는지 물어보았습니다.

🎤 한국화학연구원 박사 변두진: 자외선 안정제와 흡수제가 포함되어 있을 경우 상당히 얇은 표면에만 열화(변색)가 집중됩니다. 표면에 제한적으로 변색이 일어났다면 1000마이크로미터, 즉 1밀리미터 정도를 깎으면 원래의 투명한 색을 나타낼 것입니다.

자외선으로 변색된 부분을 아주 얇게 깎아낼 수 있다면 다시 투명한 케이스로 돌아올 수 있다고 합니다. 레이저 가공 전문 업체를 찾아가 케이스 표면을 깎을 수 있는지 알아보았습니다.

🎤 아이딜레이저 대표 장태수: TPU 소재는 플라스틱으로 되어 있어서 너무 잘 녹는 재질이기 때문에 레이저로 표면만 잘 녹일 수 있을지 걱정이 됩니다.

레이저에도 다양한 종류가 있다고 하여 어떤 레이저가 TPU 소재를 잘 깎아내는지 세 가지 레이저로 실험을 해 봤습니다. 첫 번째는 파이버 레이저였습니다. 파이버 레이저는 금속에 불꽃이 일어날 정도로 강한 레이저였지만 금속에 전문인 레이저기 때문에 TPU 소재인 케이스에 변형을 주지 못했습니다. 오히려 케이스 밑에 있는 금속

CO₂레이저 실험 결과

이 반응했습니다.

두 번째는 UV레이저였습니다. UV레이저는 흡수율이 좋아서 표면을 쉽게 깎아내기 용이한 레이저로 예상되었습니다. 하지만 너무 흡수가 잘 된 나머지 케이스가 녹아버리고 말았습니다.

세 번째는 CO₂레이저였습니다. 아주 뜨거운 열을 뾰족하게 만들어서 소재를 태우는 방식의 레이저입니다. 실험 결과, 조금이지만 색이 변한 것을 확인할 수 있었습니다. 실험을 해보니 맨눈으로 보기에는 투명도가 돌아온 것처럼 보였습니다. 보다 정밀한 결과를 확인하기 위해 현미경으로 확대해 보았습니다. 그 결과 실제로 레이저 작업을 한 부분의 투명도가 돌아온 것을 확인할 수 있었습니다.

하지만 한 가지 의문이 남았습니다. 만약에 일반인이 의뢰한다면 비용이 얼마 정도 들까요?

변색된 부분　　　　깎아 낸 부분

CO2레이저 실험 결과물을 현미경으로 확대해 보았다.

🎙 아이딜레이저 대표 장태수: 간단한 가공 같은 경우엔 2,000원 정도의 비용이 소요됩니다. 하지만 1밀리미터를 깎아 내서 너무 얇은 재질이 되었기 때문에 보호 케이스의 역할은 하지 못할 것입니다. 그리고 그런 수고로움을 감수하느니 차라리 새 제품을 구매하시는 것을 권합니다.

세상엔 할 수 있어도 하지 않는 게 나을 때가 있습니다. 하지만 할 수 있다는 사실을 알았다는 것만으로도 큰 결실이었습니다.

영상으로 알아보기 ▶

전화 숫자 아래에 있는 알파벳은 어디에 쓰는 걸까?

전화를 걸 때 키패드에서 알파벳을
발견할 수 있다.

글자에 해당하는 번호를 누르면 전화번호가 완성됩니다. 898-BELL이라면 898-2355가 되는 식입니다. 핸드폰이 없던 옛날엔 전화번호를 적어두거나 외워야 했으니 단어를 써서 쉽게 기억할 수 있는 번호를 만들었습니다. 전화번호가 아예 글자와 숫자로 이뤄졌던 시절도 있었습니다. 예를 들어 1939년 뉴저지 레이크우드 전화 교환소 번호는 LA-2697였습니다.

그렇다면 오늘날의 스마트폰에는 왜 글자가 있는 걸까요? 스마트폰이 나오기 전에는 키 패드를 눌러 문자를 보냈으니 당연히 글자가 있었습니다. 지금은 스마트폰을 사용해 키 패드에 문자가 필요하진 않지만, 해외에는 아직도 번호를 예전 방식대로 쓰는 곳이 있으니 굳이 없어지지 않은 걸로 보입니다.

국내 핸드폰에선 숫자 밑에 한글 자음이 쓰여 있기도 합니다. 이 글자는 앞서 설명한 알파벳과는 다른 용도입니다. 숫자를 누르면 핸드폰에 저장된 번호 중 그 한글 초성으로 시작하는 번호가 검색됩니다.

미국에서는 여전히 글자를 이용해 번호를
적기도 한다.

참고 문헌

PART 1 먹다가 생긴 호기심

귤을 주무르면 더 달아질까?
"[굿모닝 건강] 귤, 살살 주무르면 더 달콤해질까?", 파이낸셜뉴스, 2019, https://www.fnnews.com/news/201912091356511681
Paul V, Pandey R&Srivastava G, "The fading distinctions between classical patterns of ripening in climacteric and non-climacteric fruit and the ubiquity of ethylene—An overview", J Food Sci Technol 49, 1-21, 2012, 10.1007/s13197-011-0293-4

새까만 바나나, 먹어도 될까?
"Why do bananas go brown?", Dole, https://www.dole.com/en-gb/blog/nutrition/why-do-bananas-go-brown

커피를 아무리 조심히 들고 걸어도 쏟는 이유
Jiwon Han. "A Study on the Coffee Spilling Phenomena in the Low Impulse Regime", Achievements in the Life Sciences Vol 10, pp. 87-101, 2016, ISSN2078-1520.

고추의 어느 부분이 가장 매울까?
Jeanny G. Aldana-Iuit, Enrique Sauri-Duch,María de Lourdes Miranda-Ham, Lizbeth A. Castro-Concha, Luis F. Cuevas-Glory and Felipe A. Vázquez-Flota, "Nitrate promotes capsaicin accumulation in Capsicum chinense immobilized placentas", BioMed research international, 2015, https://doi.org/10.1155/2015/794084

PART 2 쓰다가 생각난 질문

USB에 파일을 가득 채우면 진짜 무거워질까?
Jang-Sik Lee, "Review paper: Nano-floating gate memory devices", Electronic Materials Letters, pp. 175-183, 2011, doi:10.1007/s13391-011-0901-5

볼펜 똥은 왜 생기는 걸까?
국가기술표준원, "Ballpoint pen", KS G 2610, US49120643A.

돈 냄새는 왜 나는 걸까?
"새천원짜리 고약한 냄새 값싼 저질아교 썼기때문", 중앙일보 1983, https://www.joongang.co.kr/

article/1707522

인공눈물, 사용 전 1~2방울 버리라는 이유가 뭘까?
Wu D, Lim BXH, Seah I, Xie S, Jaeger JE, Symons RK, Heffernan AL, Curren EEM, Leong SCY, Riau AK, et al. "Impact of Microplastics on the Ocular Surface", International Journal of Molecular Sciences. 2023, https://doi.org/10.3390/ijms24043928

면도날은 왜 이렇게 빨리 닳을까?
Gianluca Roscioli, Seyedeh Mohadeseh Taheri-Mousavi & Cemal Cem Tasan, "How hair deforms steel", Science, pp. 689-694, 2020. DOI: 10.1126/science.aba9490

이발소와 미용실은 무슨 차이일까?
법률 제18605호, 〈공중위생관리법〉, 2021.

문신은 지워지지 않는데 눈썹 문신은 왜 지워질까?
김윤진, "반영구 눈썹화장 시술방법", 대한민국 특허청, 2015.

할아버지 귀는 왜 더 커 보일까?
문유진, "한국인 정상 귀의 생체계측학적 연구", 석사학위, 순천향대학교, 2010.
오세준, 고의경, 공수근, "외이의 해부학 및 계측학" 임상이비인후과, 2012.
Heathcote J A, "Why do old men have big ears?", BMJ, 1995.
Ito I, Imada M, Ikeda M, Sueno K, Arikuni T & Kida A, "A morphological study of age changes in adult human auricular cartilage with special emphasis on elastic fibers", Laryngoscope, 2001.

PART 3 이상해서 느껴진 궁금증

헷갈리는 마트 휴무일, 어떻게 해야 쉽게 알 수 있을까?
나라표준인증, "데이터 요소 및 교환 포맷 — 정보교환 — 날짜 및 시각의 표기", KS X ISO8601, 2020.

하루는 왜 24시간일까?
CGPM : Comptes rendus de la 13e r.union, 1968.

롯데월드타워, 과연 어디에서까지 보일까?
김영훈, "가시권 분석에서의 지형 요소의 활용 가능성에 대한 연구", 한국지형학회지, 2010.

아파트에서 종종 보이는 구멍은 대체 뭘까?

박철수, 〈박철수의 거주박물지〉, 집, 2017.

설정임·박철수, "박정희 대통령 연설문에서 나타난 반공이데올로기의 실현으로서 수도 서울의 요새화", 대한건축학회논문집, 2013.

서울에 무인도가 있다?

서울특별시 도시계획국 토지관리과, "한강밤섬의 위치 면적측량을 통한 변천 및 관리방안 연구", 2013.

오충현, 김명철, 천승필, 권영수, 손재영, 서정수, 이호영 외, "람사르습지 밤섬관리 기본계획 연구", 서울특별시 한강사업본부 환경과, 2013.

8,000원짜리 민소매 옷도 드라이클리닝해야 할까?

기술표준원고시 제2012-176호, "안전품질표시대상공산품의 안전·품질표시기준 가정용 섬유제품 [부속서1]", 2013.

자연 건조한 수건은 왜 딱딱할까?

Igarashi, Takako et al. "Elucidation of Softening Mechanism in Rinse Cycle Fabric Softeners. Part 1: Effect of Hydrogen Bonding.", Journal of surfactants and detergents vol. 19: pp. 183-192, 2016, doi:10.1007/s11743-015-1732-4

고양이는 왜 물을 혀로 마실까?

Pedro M. Reis et al, "How Cats Lap: Water Uptake by Felis catus", Science, 2010, 330, 1231-1234.à

비둘기는 사람 가까이에 잘 오는데 참새는 왜 안올까?

강석화, 《백두산》, 동북아역사재단, 2020.

채희영, 《참새가 궁금해?》, 자연과생태, 2019.

환경부국립생물자원관, 〈야생동물 실태조사〉, 2021.

PART 4 불편해서 떠오른 의문

백신은 꼭 주사로 맞아야 할까?

Jyoti Saxena & Shweta Rawat , "Edible Vaccines", Advances in Biotechnology, pp. 207-226, 2013, https://doi.org/10.1007/978-81-322-1554-7_12

프라이팬의 기름은 왜 가장자리로 퍼질까?

Fedorchenko, Alexander & Hruby J, "On formation of dry spots in heated liquid films", Physics of Fluids vol 33, 2021, https://doi.org/10.1063/5.0035547

콘택트렌즈는 어떻게 늘 제자리에 있을까?

김대수, 박미정, 《콘택트 렌즈 물리》, 북스힐, 2007.

소탐대실 제작팀

기획	김진일
PD	배성훈 홍준혁 김지훈 이은경 옥소현 김대원 김세로미 박정은 유덕상 전민선 정지은
디자인	김혜린
운영	황보경 최영하 황채영 최예은
전 제작진	김영주 신수빈 이지현

소탐대실

작은 탐사, 큰 결실

초판 1쇄 발행 2023년 7월 12일

지은이   JTBC '소탐대실' 제작팀
펴낸이   박영미
펴낸곳   포르체

책임편집 김선아
편집팀장 임혜원 | **편집** 김성아, 김다예
마케팅   김채원, 김현중
표지 디자인 황규성
내지 디자인 정나영

출판신고 2020년 7월 20일 제2020-000103호
전 화 02-6083-0128 | 팩 스 02-6008-0126
이메일 porchetogo@gmail.com | 포스트 https://m.post.naver.com/porche_book
인스타그램 www.instagram.com/porche_book

여러분의 소중한 원고를 보내주세요.
porchetogo@gmail.com